住み続けたい東急沿線のこと

写真＝三浦考行

「五反田から蒲田まで弧を描くように走る池上線。３両編成で、駅と駅のあいだも短く、各駅停車のみ。のんびりした気持ちのいい路線だ。」P136より

あくまでぼく個人の感想だが、
ここは東急沿線のなかでも
最も環境のいいエリアではないか。

大井町線尾山台駅前

「等々力には名所がいろいろある。まずは等々力渓谷。」P32より

「ぼくは自宅に人を呼ぶのが嫌いなので、打ち合わせは喫茶店でする。（中略）自由が丘の場合は選択肢が増える。いちばん多いのは駅前のダロワイヨ。」P64より

東横線。多摩川を渡る

「都立大学駅前からめぐろパーシモンホールの先の、つ久しで豆大福を買って帰る。」P43より

目黒線奥沢駅前

でもぼくはこの地味な感じが
好きだ。

「この駅舎がなかったら田園調布の風景はずいぶん寂しいものになっていただろう。」P70より

「ほどほど」の距離感が
快適なのだと思う。

世田谷線上町駅付近

なぜ東急沿線に住みたがるのか

「ブランド路線」再考

永江 朗
Nagae Akira

交通新聞社新書 164

まえがき

東急の沿線に住んで約40年になります。神奈川県から引っ越してきたときは、東急沿線であることを意識して選んだのではなく、まったくの偶然でした。「東急沿線に住みたい」という気持ちもありませんでした。しかし20年ほど暮らすうちに「この街に住み続けたい」と思うようになり、住み続けるための工夫をしました。10年ほど前からは京都と東京を行ったり来たりする生活になり、東急沿線について少し引いた目で見るようになりました。やっぱりいい街だと思います。

30歳のときに会社勤めを辞め、フリーの編集者、ライターとしていろんな街を歩きました。ぼくは取材や打ち合わせで誰かに会うとき、約束の場所に早めに到着して、周辺を歩き回る癖があります。昼下がりの住宅街を歩いていると、べつに名所旧跡があるわけではないのに、面白いなと思います。東急沿線の住宅街もこの40年、よく歩きました。暇ができるとあちこち散歩するのは若いころからの習慣ですが、特にコロナの時代になってからはよく歩きます。気がついてみると、東急各線の都内部分についてはほとんどの駅を利用したか、あるいはその街を歩いたことがあるのでした。それぞれ違うところもあるし、共通しているところもある。東急沿線だからといって、必ずしも駅前に東急ストアがあるとは限らないとか。

この本のテーマとタイトルを考えたのは交通新聞社の平岩美香さんです。ぼく自身はあまり考えたことのないテーマでした。でも平岩さんと話すうちに、ぼくはなぜ東急沿線に住み続けようと思ったのだろう、現在の東急沿線の魅力は何だろうと考えるようになり、自分で歩いて、見て、思ったこと、感じたことを書くことにしました。

なぜ東急沿線に住みたがるのか——目次

まえがき……3
東急線路線図……12

第1章　ぼくの東急沿線小史……15

はじめての東急線……16
大岡山に住む……21
長原に住む……28
等々力に住む……31
奥沢に住む……34
奥沢の生活……38

奥沢の日々…41
書店と図書館…45
東急沿線に住み続ける理由…49
二子玉川について…51
蒲田について…55
自由が丘について…57
自由が丘の喫茶店…64
九品仏について…66
田園調布について…70
ぼくがみた40年の変化…75
駅舎の建て替え…77
東急沿線の人間関係…78

第2章　東急線と東急線の駅のこと……81

東横線……82
代官山……83
中目黒……86
祐天寺……89
学芸大学……91
都立大学……94
自由が丘……95
田園調布……96
多摩川……98
田園都市線……100
金妻と田園都市……104
池尻大橋……108

三軒茶屋…109
駒沢大学…111
桜新町…112
用賀…114
二子玉川へ…116

目黒線…118

目黒駅周辺のこと…118
不動前…121
武蔵小山…122
西小山…124
洗足…124
大岡山・奥沢・田園調布・多摩川…126

東急多摩川線…128
多摩川…129
沼部…130
鵜の木・下丸子・武蔵新田…132
矢口渡…133
池上線…136
戸越銀座…138
荏原中延…139
洗足池・石川台・雪が谷大塚…141
御嶽山・久が原・千鳥町…143
池上・蓮沼…144
大井町線…148
大井町…149

下神明・戸越公園・中延…152
荏原町・旗の台・北千束…153
緑が丘…153
九品仏・尾山台・等々力…156
上野毛…159
世田谷線…162
神奈川県の東急沿線…166
終章　田園都市構想とほどよい距離感……177
渋沢栄一と五島慶太と小林一三…178
あとがき……………182

京王線
小田急小田原線
京王井の頭線
JR山手線
JR埼京線
下高井戸
松原
山下
宮の坂
上町
世田谷
松陰神社前
若林
世田谷線
西太子堂
東京メトロ副都心線
宮崎台
梶が谷
溝の口
高津
二子新地
二子玉川
東京メトロ半蔵門線
用賀
桜新町
駒沢大学
三軒茶屋
池尻大橋
渋谷
東京メトロ銀座線
JR南武線
上野毛
等々力
尾山台
九品仏
大井町線
都立大学
学芸大学
代官山
東横線
中目黒
新丸子
多摩川
田園調布
祐天寺
自由が丘
東京メトロ日比谷線
緑が丘
洗足
西小山
武蔵小山
不動前
目黒
東急多摩川線
沼部
奥沢
東京メトロ南北線
大岡山
都営三田線
目黒線
鵜の木
北千束
旗の台
荏原中延
戸越銀座
五反田
下丸子
池上線
都営浅草線
池上
千鳥町
久が原
御嶽山
雪が谷大塚
石川台
洗足池
長原
荏原町
中延
戸越公園
大崎広小路
下神明
JR山手線
大井町
りんかい線
JR京浜東北線
京急線

東急線・みなとみらい線路線図

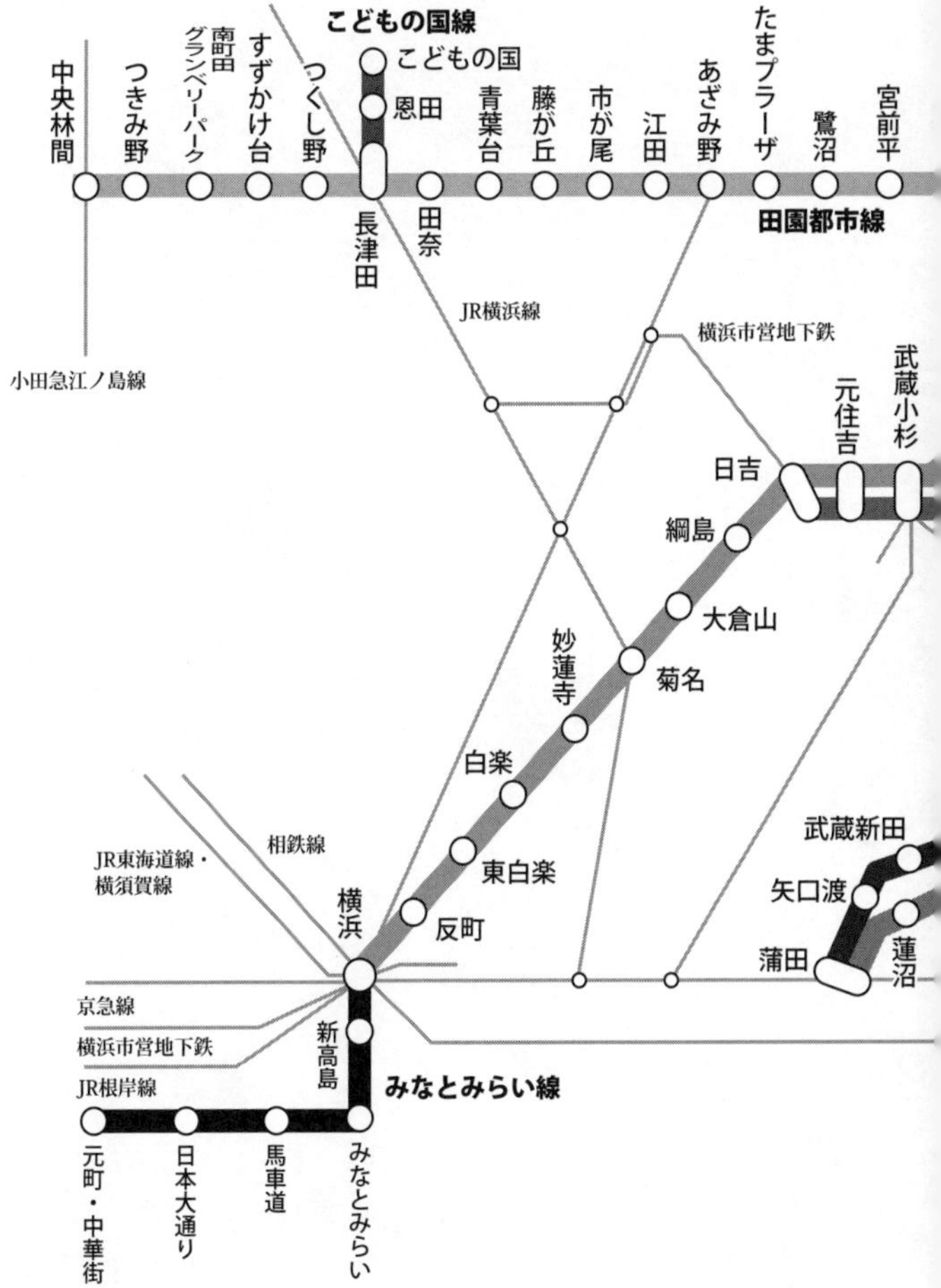

第1章

ぼくの東急沿線小史

はじめての東急線

ぼくが東急線にはじめて乗ったのは1977（昭和52）年の4月だった。それは朝からよく晴れた日だった、といいたいけれど、残念ながらよく覚えていない。もしかしたら雨が降っていたかもしれない。東横線に乗ったのは体育の授業を受けるためだった。その2週間ほど前の3月までは北海道旭川市の高校に通っていて、高校2年生のときの修学旅行と大学受験のとき以外、北海道を出たことがなかった。修学旅行では上野駅周辺を少し歩いただけだったし、受験のときは池之端のホテルに泊まり、飯田橋の大学で受験した。3月の末に東京に引っ越した。杉並区の善福寺1丁目。西荻窪駅を出てバス通りを北上し、青梅街道にぶつかるあたりだ。

入学した法政大学は市ケ谷駅と飯田橋駅の中間にある。当時、多摩キャンパスはまだなかった。千代田区富士見にあるキャンパスは狭いので、体育関係の授業だけ川崎市の木月校舎で行われた。木月校舎の最寄り駅が東横線の武蔵小杉駅だった。飯田橋と武蔵小杉のあいだを行ったり来たりするのは大変だからだろう、体育関係の授業は1日にまとめて取れるようになっていた。この「1日にまとめて」というのがなかなか鬼門で、ついついサボりがちになり、単位を落とす学生もけっこういた。

渋谷駅ではじめて東横線の切符を買うときはどきどきした。なにしろその2週間ほど前までは田舎の高校生である。ネットもない時代、列車時刻表と地図を熟読して西荻窪駅から武蔵小杉駅までのルートや所要時間、校舎までの道順を調べた。ぼくは中学生のころから列車時刻表が好きで、大きなダイヤ改正があるたびに買い換えていた。

切符を買って改札を通り、階段を上がってホームに出る。その途中で何度も番線案内や行き先表示を確認した。はじめて見た東横線渋谷駅は新鮮だった。始発駅だったからだ。線路の終わりが見える。線路には終わりがあるのだ。「線路は続くよ、どこまでも」なんてウソじゃん、と思った。いや、まだ北海道弁が抜けていなかったから「ウソだべ」か。

時刻表と路線図が好きだったので、東横線が東京と横浜を結ぶ私鉄路線だということは知っていたし、たくさんある東京の私鉄のなかでも高級というか、ハイカラというか、お金持ちが住むエリアを通るという予備知識もあった。『週刊プレイボーイ』だったか『平凡パンチ』だったか、そういう若い青少年向けの雑誌には、乗客の美人率が高いと書かれていたような気もする。車両にいる若い女性がみんな慶應義塾大学かフェリス女学院大学の学生に見えた。

自由が丘とか田園調布とか、武蔵小杉駅に着くまでの駅名がキラキラして聞こえた。自分が2週間前に北海道の山奥から出てきたばかりだと周囲の乗客にバレるんじゃないかとハラハラしていた。

武蔵小杉駅に降りたときは、正直いってがっかりした。タワーマンションが林立するいまの武蔵小杉からは想像もできないが、45年前の駅周辺は西荻窪とそう変わらないというか、むしろパッとしない街だった。木月校舎までの道も華やかなものではなかった。教科書に出てきた京浜工業地帯って、ここらへんをいうのか。ともかくぼくは1年間、体育のために渋谷から東横線で武蔵小杉に通ったのである。

体育の授業はけっこう面白かった。当時は江川卓が4年生で、グラウンドでときどき見かけた。すごく大きくてびっくりした。スポーツの時間は第3希望のフェンシングだった。指導は山本耕司先生で、元日本代表監督。「同じ法政のやまもとこうじでも、ぼくのほうが先輩です」と最初の授業でいっていたのを覚えている。フェンシングはフルーレではなくサーブル。チャンバラ気分で楽しかった。

同じクラスに吉野公一君がいた。井上ひさしに似ていて、井上ひさしと同じ市川に住んでいた。吉野君は映画が大好きで、年間100本だか300本だか観ているといっていた。手帳には観た映画と映画館の名前が書き込まれていた。体育の授業が終わって帰るとき、吉野君は自由が丘で途中下車することが多かった。当時、自由が丘には名画座が2館か3館あったのだ。ぼくも誘われたけど、お金がないので断った。たとえ名画座でも映画なんて当時のぼくには贅沢なことだった。

渋谷駅で降りて少し街を歩くことはあった。目的は書店。「本のデパート」大盛堂書店や、東急プラザの紀伊國屋書店、東急文化会館の三省堂書店などを覗いた。道玄坂や宮益坂の古書店も覗いた。

大学1年のときは荻窪の登山用品店フレンドでアルバイトをした。フレンドの店主、大坪乙光さんは渋谷の東急ハンズ横にある渋谷みなみの出身で、「明日、武蔵小杉に行くんだったら、南さんのところにこれ届けて」とときどきお使いを頼まれた。南さんというのは登山家の南博人さんのことで、新田次郎の小説『蒼氷・神々の岩壁』のモデルになった伝説の人。いまは荻窪フレンドは「マウントフレンド」に、渋谷みなみも「ファンクションジャンクション」にそれぞれ名前は変わったけれども、お店は健在。

というわけで、ぼくが東急東横線に乗ったのは１９７７年の4月から、翌年の2月ごろまでで、回数にするとたぶん30往復ぐらいだろう。その後、東急線に乗ることはしばらくなかった。

大学3年の春、1979年の4月、ぼくは西荻窪の四畳半風呂なし日照なし玄関トイレ共同のアパートから小田急線相模大野の六畳＋キッチン＋トイレのアパートに引っ越した。大学から遠い相模大野を選んだのは、安くて日当たりのいい部屋はここまで来ないと見つからなかったのと、隣駅に仲のいい友人がいたのと、ときどき丹沢を登りに行くのに便利だったからだ。卒論だけ残して留年を決めた1981年の春から池袋の西武美術館でアルバイトをはじめた。その秋、洋書の輸入販売会社、ニューアート西武（店名はアールヴィヴァン）に就職した。当初は西武百貨店池袋店12階にあった本店勤務だったが、翌年の夏から原宿勤務になった。表参道と明治通りの交差点、いま東急プラザ表参道原宿があるところには、当時、セントラルアパートがあった。1階は中庭を囲むようにショップがあり、その一角にパイドパイパーハウスとニューアート西武の共同経営の店があった。ニューウェイブのレコードと輸入写真集の店で、ストアデイズという店名だった。ストアデイズはのちに六本木WAVEの4階に移る。六本木WAVEも今はなく、跡地は六本木ヒルズになった。

大岡山に住む

もう少し通勤が便利なところがいいよね、お風呂も欲しいしね、と付き合っていた女性と話していたころ、彼女の職場の先輩が「わたしが住んでいる部屋の下が空いたわよ」と教えてくれた。大岡山駅から徒歩7分ほどの部屋だった。アパートというよりも、大家さんが自宅を建て替えるときに仮住まいにしていた離れのようなもので、上下それぞれ30㎡ほどの2部屋を貸していた。彼女と一緒に住むことにした。こうして82年の初夏から東急線沿線生活が始まったのである。

まさか自分が東急線沿線に住むなんて予想もしていなかった。杉並区の荻窪近郊で生まれ育った彼女も東急線にはまったく縁がなかった。それが10年以上も住むことになるなんて。

大岡山駅は目蒲線と大井町線が交わるところ。当時は地下化されておらず、券売機と改札が地下にあり、電車に乗るには階段を降りて改札を通り階段でホームに上がった。南口には東京工業大学があり、北口からは環七にまでつながる細長い商店街がある。ぼくが住んだ部屋は北口を出て東工大の塀に沿って坂を下りきったところにある。距離は大井町線の緑が丘駅のほうが近いかもしれない。「下が空いたわよ」と教えてくれた彼女の職場の先輩は、引っ越したばかりのころ、しばらくは最寄り駅は自由が丘だと思い込んでいて20分ぐらいかけて歩いていたそうだ。東横線の都立大学駅から呑川緑道沿いに歩いても20分ぐらい。10年以上住んだのは、この街が心地よかったからだ。

大岡山の商店街から自由が丘方向に向かって下がる坂を鷲坂という。なかなかの急坂で、相模大野から引っ越したとき軽トラックの助手席に乗っていて、思わず「ひえーっ」と声が出た。雪が積もったとき、ここでスキーをしている人を見たことがある。

ぼくの勤務地は原宿、池袋、渋谷、また池袋、そして最後は浅草と転々と変わった。ちょうど会社が店舗を増やしていく時期だったのだ。通勤には基本的に目蒲線を使った。原宿や渋谷の店に勤務しているときも週に何度かは池袋の本店に行く必要があったから、定期券も目黒駅経由の大岡山－池袋間で支給されていた。

目蒲線には愛着がある。カエル色（と呼んでいた）の3両編成でトコトコ走るところがかわいらしい。記憶は不確かだけど、床は板張りだったような気がする。冷房もあったかどうか。目黒と蒲田を結ぶから目蒲線。いまは目黒－多摩川間の目黒線と多摩川－蒲田間の東急多摩川線に分かれてしまい、目黒線は東京メトロ南北線と都営三田線がつながり、東横線の日吉まで延びるようになった。目蒲線のころは各駅停車しか走っていなかった。

乗り換え駅の目黒で降りて街をぶらつくこともあった。駅ビルの書店や駅前の書店、権之助坂の古書店などを覗いた。自然教育園近くにあった古書店は、本をレジに持っていくと店主が１冊１冊タイトルを読み上げるのがちょっといやだった。フリーライターになってからは、カフェのウエストもよく使った。のちに奥沢に家を建てたとき、近所に挨拶回りするときウエストのリーフパイを持っていった。

１９８４年に彼女と籍を入れた。大家さんは「いい日取りを選んであげるわね」といって暦を調べてくれたのに、そのときは適当に聞き流し、ふたりの都合がつく日に区役所で手続きして帰ってカレンダーを見たら仏滅だった。その区役所も祐天寺から移転して、いまは中目黒の旧千代田生命ビルにある。

１９８８年にぼくはニューアート西武を辞め、フリーのライター兼編集者になった。最初の１年は市谷の出版社にデスクを借りてアルバイトとして編集をしながらライターの仕事をした。王子の町おこし企画会社にも週に１回通った。１９９０年、四谷の出版社に常勤のスタッフとして移った。目蒲線で目黒に出て、山手線と総武線を乗り継いで市ケ谷や四ツ谷に行く日と、大井町線で大井町に出て京浜東北線で王子に行く日があった。

ぼくが自動車の免許を取ったのは92年か93年だった。大学生のとき、免許を取るお金を親にもらったけれども、本代に化けてしまった。免許を取るために通ったのは目黒の日の丸自動車学校だ。路上教習のコースは恵比寿や白金や代官山で、いま考えるとけっこう贅沢ですね。おかげで都心を走る度胸がついた。いちど二国（第二京浜国道）の高輪台あたりから五反田へ向かう坂を下っていたらパトカーに「そこの教習車、もっとスピードを落としなさい」といわれ、教官に「叱られちゃったじゃないか。恥をかいた」といわれたことがある。目黒にはホリプロがあるので日の丸で免許を取る芸能人が多いという噂だったけど、ぼくは見かけたことがない。路上試験のとき、たしか國學院大學の近くだったと思うけど、ドラマかなにかの撮影をしていて、一緒に試験を受けていた女の子が「あ、田中美奈子だ！」と叫んだ。ぼくは「やばい、ここでよそ見したら減点だ」と思って見なかった。

どうでもいいことだけど、妻は池上線の池上駅の近くにあった池上自動車教習所で免許を取った。池上自動車教習所はアムロちゃん（安室奈美恵さん）に営業時間外の技能教習を受けさせるなどして行政処分を受けたことがある。

大岡山に住んでいるとき、いちど洪水に遭った。西武百貨店渋谷店地下にあった職場に妻から電話があった。洪水で外出できないので晩ごはんにお弁当を買ってきて欲しいというのだ。ひどい雨の日だったが、洪水は冗談だろうと思って笑った。帰り、大岡山駅前の持ち帰り寿司店で２人前を買い、東工大の塀沿いに帰った。坂を下りきる少し前に異変に気づいた。道路が川になっている。しかたないのでそのまま水の中を歩いて帰った。水深は膝下ぐらいか。家に帰ると、水はギリギリ床まで達していなかった。それから少しして水が引いた。誰かが東工大の塀をハンマーで破壊して水をキャンパスに流したのだった。妻からいかに大変で不安だったかを聞きながら寿司を食べた。大家さんがずいぶん心配してくれた。翌日だったか翌々日だったか、目黒区役所の調査があり、床下浸水ということで玄関周りや庭の消毒を受けた。日本赤十字社からはお見舞いに毛布をもらった。いま東工大の壁は金属の柵になっている。洪水はもうないだろう。

いまも大岡山にはよく行く。最近、おいしいパン屋が増えた。店主がドイツで修業したというショーマッカーはプレッツェルが絶品。コントラストはタルトがおいしい。奥沢のわが家から東工大のキャンパスを通って大岡山商店街を歩き、予約しておいたパンを買って鶯坂を下がり、緑が丘駅前から九品仏川緑道を自由が丘まで歩き、魚菜さんの料理学校の裏の坂道を上がって帰る。魚菜さんというのは田村魚菜という料理家のことで、ぼくが子供のころテレビで人気があった。

大岡山の駅前には東工大の正門がある。前身である東京職工学校（１８８１年設立）は蔵前にあったが、関東大震災の被害により1923年、大岡山に移転してきた。そのころの地名は東京府荏原郡碑衾村大岡山。キャンパスが広く、目的の研究室を訪ねるには、大岡山駅・緑が丘駅・石川台駅の3つの選択肢から最適な駅を選ばないと長距離を歩くことになる。大学は開放的で、入試のとき以外は原則、誰でもキャンパス内に入れる。時計台の前の桜並木は花見シーズンになると大人気だし、その横の芝生では小さな子供たちが遊んでいる。秋は銀杏で黄金色になる。

キャンパスが広いわりに学生数は少ない。商店街には学生向けの飲食店もあるけれども、学生の姿はあまり見かけない。

ぼくが住んでいた1980年代は、商店街に新刊書店が2軒、古書店が2軒、新刊と古書の理工書を扱う店が1軒あった。新刊書店で東工大生がエロ本を万引きして店主に説教されている場に遭遇したことがある。「なんで盗ったの?」「買うのが恥ずかしかったんで」「盗む方がもっと恥ずかしいじゃない。東工大に入って、頭もいいのに、そんなこともわからないの?」「すみません」と、こんな感じだった。その書店もなくなってしまった。いまは古書店が1軒あるだけだ。

大岡山は線路が地下化され、駅ビルの上に東急病院ができて、ずいぶん風景が変わった。ぼくが住んでいたころ、東急病院は駅の北側にあった。病院跡には東急グループの超高級老人ホームが建てられた。

地下化された線路の上には東急ストアができ、その隣には東工大の建物。この建物は１階にカフェが、２階にレストランが入っていて、近所の人がよく利用している。街と大学がよく溶け込んでいる。キャンパス内には時計台前とは別の桜並木や椿の並木（ロマンス坂という名前がついている）、池などもある。真夏の早朝など散歩していると、老若男女いろんな人と出会う。犬を散歩させる人も多い。

毎日のように上り下りしていた、そして大岡山を離れても散歩のために通っている東工大の塀沿いの坂。その坂の途中にある東工大宿舎で身元不明の遺体が発見されたのは２０２２年の春だった。白骨化していたというのだから、亡くなってかなり時間が経っていたのだろう。ぼくが散歩しているときも遺体はあったに違いない。よく死体は臭うとかカラスが上を旋回するとかいうけれど、そんな感じはまったくなかった。本稿執筆時点では事件性の有無も身元も含めて明らかになっていない。南無阿弥陀仏。

長原に住む

大岡山は住み心地がよくて、結局10年以上いたのだけれど、さすがにいろいろと手狭になり、クルマも買ったので駐車場つきの部屋に住みたくなった。手狭になったいちばんの理由は本とレコードの量だった。部屋の壁面に本棚をめぐらせ、長押の上にも棚を作り、さらには庭にヨド物置を建てて書庫にしたけれどもそれでも収まりきらなかった。引っ越しを機に本を減らそうと決意して、ゴルフの車体が沈むほど積んで、当時、岡本のほうにあったブックオフに持ち込んだ。レコードもすべて手放すことにして、大井町にあったレコファンに出張買い取りしてもらった。買い取りでは妻が持っていたビートルズと、ぼくが持っていたブルーノートのジャズのレコードがけっこう高い値段がついて、たくさんあったニューウェイブや現代音楽のレコードは激安だった。

部屋探しには苦労した。どこの不動産屋からも冷たくあしらわれた。1993年ごろで、まだ売り手市場ということもあったのだろう。フリーランスのライター兼編集者ということが難点だったらしい。どの不動産屋も、お堅い給与生活者以外には貸したくないという様子だった。ちょっと文字にはできない、ひどいことをいわれたこともあった。

そんななか田園調布の駅前の不動産屋が親切に対応してくれた。カウンターの後ろの棚には、外国人ＯＫ・水商売ＯＫと書かれたファイルもあった。父と娘でやっている不動産屋のようで、長原の物件を勧めてくれた。地下に駐車場のついた45㎡ほどの築浅マンションで、不動産屋が駐車場代の値引き交渉をしてくれた。

長原のマンションの住所は大田区中馬込。環七夫婦坂の近くだ。池上線の長原駅から徒歩10分ぐらい。都営地下鉄浅草線の馬込駅との中間ぐらいにあり、池上線と大井町線が交差する旗の台駅、大井町線の荏原町駅からは15分ぐらいのところ。４駅も使えて便利だともいえるし、どの駅からも少し遠くて不便だともいえる。結局、５年で引っ越したのは、近くにスーパーマーケットなどがなくて不便だったからだ。

池上線は五反田と蒲田を結ぶ。五反田から中原街道に沿うように南西に進み、雪が谷大塚のあたりからは環八に沿うように東に進む。目黒から蒲田まで弧を描いている目蒲線の内側を走る。池上線という名前は西島三重子の歌『池上線』で知っていた。実際に住んでみると、たしかに洗足池駅あたりから池上駅あたりまでは、あの歌の雰囲気を感じないこともないけど、でも、歌って過剰にイメージを美化しますね。

歌といえば、『目蒲線物語』というコミックソングもあって、こちらは目蒲線を擬人化してからかう歌。流行っていたころは、「目蒲線の大岡山に住んでいる」というと笑われた。「お父さんが東横線で、お母さんが新玉川線だけど、本当の両親は東武東上線と赤羽線なんだって」なんていうふうに。

大岡山が東工大の街なら、長原は学研の街だった。ぼくが住んでいたころは上池台に学研の本社があった。長原駅前の古いビルは、かつて雑誌『月刊ドリブ』(青人社)の編集部があった建物。『月刊ドリブ』は平凡社で『太陽』の編集長をしていた嵐山光三郎が初代編集長をつとめた雑誌だ。やがて青人社は倒産し、『月刊ドリブ』も廃刊。学研グループも五反田に移転した。

ぼくが住んでいたころ、長原には小さな書店が1軒。旗の台に1軒、荏原町は駅前に1軒、馬込駅に続く道に1軒あった。いまは残っているだろうか。

長原で思い出すのは環七沿いのハンバーグ店エル・アミーゴのこと。ハンバーグとチリコンカンを食べながらコロナビールを飲むのが好きだった。

高村薫の長編小説『レディ・ジョーカー』にカトリック洗足教会が出てきたのも覚えている。高村薫は『マークスの山』で八雲から柿の木坂あたりを描いていたけれども、国際基督教大学時代、東急線沿線に住んでいたのだろうか。

長原が学研の街なら、旗の台は昭和大学病院の街。この病院に行くため駅を利用する人も多い。以前あった駅前の書店は、病気や健康に関する本——医学生や看護学生、医療関係者向けの専門書ではなく、一般向けの本——が他の書店よりも充実していた。

荏原町は何の街だろう。環七沿いのリコー本社が近いからリコーの街か。昼休みの時間になると、リコーの社員たちが白い作業着のまま次々と建物から出てくる風景が面白かった。

環七はリコーの前あたりから長原駅方向に向かって上り坂になる。いつだったか大雪が降った日、スリップして進めなくなったクルマがたくさん乗り捨てられていたことがあった。

等々力に住む

長原には5年住んだ。マンションの1階に住んでいる大家さんはいい人だし、長原も荏原町もいい街だけど、日常の買い物には少し不便だった。長原駅周辺には、駅ビルの東急ストアと中原街道を渡ったところにはオリンピックがあり、八百屋や魚屋、酒屋など専門店もある。しかし、夫婦坂のわが家までは坂を上ったり下ったりしなければならず、雨の日などはつらかった。ぼくたちは引っ越しすることにした。

次の引っ越し先は自由が丘周辺を探した。大岡山から長原に引っ越しても、なにかにつけて自由が丘に行くことが多かったからだ。五反田でも大井町でもなく自由が丘だった。

1998年の夏、等々力駅前のマンションに引っ越した。等々力通りと駅前の通りが交差する角で、駅から徒歩1分。1階は大家さんが経営しているおもちゃ屋で、ほかに葬儀社とDPEサービスが入っていた。マンションには芸能人も住んでいた。

等々力には名所がいろいろある。まずは等々力渓谷。等々力駅を降りて環八のほうに少し進んで豆腐屋の角を右に曲がるとゴルフ橋。その脇から渓谷に下りられるようになっている。豆腐屋はなくなり成城石井になった。東京23区内にこんな秘境が、と驚くような風景。夏の朝でもひんやりと涼しい。等々力渓谷の先には等々力不動がある。小さな滝があって、打たれて修行している人を見かけることがある。等々力不動の下には日本庭園もあって、夏には蛍狩りができる。

等々力渓谷の途中の階段を上がると野毛の古墳。ホタテ貝型の古墳で、頂上まで登ることができる。このあたりはけっこう古墳が多く、等々力不動の目黒通りを挟んだむこう側にも古墳がある。ただしこちらはフェンスに囲まれて敷地に入れない。多摩川べりの田園調布から多摩川駅あたりにかけては多摩川台古墳群がある。大昔から人が住んでいたのだ。

のちに家を建てるための土地を探したとき、等々力不動近くの土地がずいぶん安く出ていたことがあった。一瞬、心が動いたけれど、不動産屋の話をよく聞くと、すぐ近くに古墳があり、建築のために地面を掘ると埋蔵物が出てくる可能性が高い、遺跡だとわかると発掘調査をしなければならないので、家が建つのはいつになるかわからない、ということだった。古代から人が住んでいたところというとロマンを感じるけど、ローンを抱えていつ建つかわからない家を待つというのはちょっと無理。あきらめた。

等々力駅の隣には世田谷区役所の玉川支所とホール。ぼくたちが住んでいたころは建物が老朽化しいろいろ手狭にもなっていて、プレハブ庁舎を継ぎ足していた。激安の食堂が入っていた。いまは新しい建物に替わった。

目黒通り沿いには満願寺。真言宗のお寺で、開創は平安末期というから、なかなか歴史のあるお寺である。本堂は上野毛にある五島美術館と同じく吉田五十八の設計。由緒あるお寺のわりには訪れる人が少なく、いつも静かだ。等々力に住んでいるあいだ、初詣はたいてい満願寺に行った。

等々力駅から満願寺に行く道の角に八洲という和菓子屋があり、いまもたまに買いに行く。

満願寺と隣り合うように玉川神社。創建不明、かつては元熊野神社と呼ばれていたらしい。目黒通りから階段を上がるとひんやりといい感じだ。

玉川神社の裏手にかつては東横学園という女子短大があった。いまは同じく東急系の武蔵工業大学と合併して東京都市大学になり、女子短大だった校舎は付属の中学校・高等学校として使われている。

環八の中古自動車店を覗いて回るのも好きだった。ぼくはちょっと古いヨーロッパのクルマが好きで、シトロエンやルノーやオースティンやBMWの古いクルマを眺めに行った。ぼく自身は古いゴルフカブリオに乗り続けた。環八尾山台にリンドバーグというオートバイとクルマの専門書店があって、ときどき覗いていた。欧米はクルマの写真集がいろいろ出ていて、それを立ち読みするだけでも楽しかった。いまリンドバーグは代官山の蔦屋書店のなかにある。

奥沢に住む

等々力の生活は快適だったけれども、唯一困ったのは排ガスだった。マンションは等々力通りと中町通りの角にあり、交差点には信号がある。クルマが止まったり発進したりするからか、空気の汚れが気になった。ぼくは10歳のときから花粉症で、春先はつらい。あまりにもつらいので、換気口をペーパータオルでふさいだ。ペーパータオルが数日で灰色になった。ダスキンの大型空気清浄機をリースで置き、定期的にフィルター交換してもらったが、あまり効果を感じられなかった。妻とぼくは次の引っ越し先を考えるようになった。

『狭くて小さな楽しい家』という本にも書いたことだけれども、家を建てようと考えた。世の中に持ち家派と賃貸派がいるとしたら、ぼくは賃貸派だった。ローンを組んで家を建てていろんなものに縛られるよりも、住み替えられる賃貸住宅のほうが気楽でいいと思っていたからだ。ぼくはたまたま子供のいない夫婦ふたりだけの生活で、同居する親や兄弟もいない。自宅が仕事場のフリーランスだ。でも、子供が生まれて家族が増えたり、その子供が独立したり、あるいは同居する親が亡くなったりと、家族構成が変わる人も多いだろう。賃貸ならばそのときどきに応じて住み替えられる。ところが大岡山から長原へ、長原から等々力へという2度の引っ越しを経験して、賃貸生活も楽じゃないということが身に染みてわかった。

まず、引っ越し先を探す苦労がある。公務員でも会社員でもないフリーランスにはなかなか貸してもらえない。所沢市に住んでいた妻の両親も高齢になって現役を引退しつつあり、この先は保証人になってもらうのも難しい。妻とぼくは自由が丘を中心にしたこの地域が気に入っていて、ずっと住み続けたいと思っていたけれども、そのためには借りるのではなく所有するしかないと考えるにいたった。

もともと建築には興味があり、編集やライターの仕事で建築関係者に取材したり住宅を見学したりしてきた。家は買うものではなく建てるものだというのがぼくの持論だ。すでにできあがっている建て売り住宅や集合住宅ではなく、更地に家を建てる。あるいは中古の住宅を買ってリノベーションする。土地探しが始まった。詳しいことは『狭くて小さな楽しい家』に書いたので繰り返さないけれど、探すエリアは自由が丘駅を中心にした徒歩圏。

土地探しは楽しかった。不動産屋に行って条件を話し、物件を案内してもらう。それと並行して設計してくれる建築家を探した。最近のハウスメーカーがどんな家を作るのか知るためにモデルルームにも行ってみた。九品仏川緑道沿いの小さな借地を見つけ、設計も進めたのだけど、地主が借地権を買い戻して話が御破算になったこともある。土地探しをするなかで、ますますこの街が好きになっていった。

土地探しをして驚いたことがある。家を借りるよりも家や土地を買う方が簡単なのだ。

賃貸住宅を探すのにはあんなに苦労したのに、不動産購入はいとも簡単。気のせいかもしれないけれど、不動産屋の態度も購入の方が親切だった。希望する条件（エリア、広さ、価格帯など）を伝えるとすぐ物件を案内してくれたし、新しい物件が出るたびに連絡があった。現地も案内してくれた。とにかく国民に家を買わせようというのが行政のというか政府の方針なのだろうと感じた。

最終的に選んだのは奥沢4丁目だった。更地で売りに出されていた。奥沢駅から徒歩5分で、自由が丘駅からは8分。田園調布駅からは15分弱だろうか。

建物の設計はアトリエ・ワンと東工大塚本研究室の合同。アトリエ・ワンは塚本由晴さんと貝島桃代さんのユニットで、当時、塚本さんは東工大の准教授、貝島さんは筑波大の講師だった。

塚本さんの研究室はかつて篠原一男さんが使っていた部屋で、ぼくは洋書店に勤めていたとき、ときどき本を届けに行っていた。大岡山駅よりも緑が丘駅のほうが近い。篠原先生はぼくが店長をしていた渋谷西武地下の洋書店カンカンポアに現れて、大判の美術書を何冊か購入されていた。本の量が多いときはぼくが配達した。そのころ話題だったポストモダンの動向についてお話をうかがうこともあった（篠原先生は批判的だった）。篠原先生はかっこよくて、マストロヤンニに少し似ていた。本を持って研究室にお邪魔すると、「ちょっとビールでも飲んでいきませんか」と誘われたけれど、そのころぼくはビールを飲むと体調が悪くなるのでお断りした。かつての篠原研究室、のちの塚本研究室前の廊下の端の窓からは、以前ぼくたちが住んでいた大岡山の部屋の屋根（正確には大家さんの家の屋根）が見える。

塚本さんや学生たちと打ち合わせするために、等々力から緑が丘まで大井町線で通った。いつだったか、打ち合わせの後みんなで緑が丘駅前のちゃんこ屋、芝松へ食事に行ったことがある。

家が完成したのは2003年の8月。以来、ぼくと妻は奥沢に住んでいる。

奥沢の生活

奥沢は地味な街だ。目蒲線がなくなって目黒線になり急行が導入されたが、奥沢は各駅停車しか停まらない。もともと地味だったのに急行停車駅の大岡山と田園調布にはさまれてさらに地味になった。でもぼくはこの地味な感じが好きだ。愛しているといってもいいくらい。

目黒・大岡山方向から目黒線に乗ってきて奥沢駅の改札を出ると噴水のある池がある。ベンチでは老若男女いろんな人が休んでいる。昼時だと弁当を食べている人もいる。

２０２０年の秋、アキレス腱断裂のため駅前の東京明日佳病院で手術を受け、３週間ほど入院した。退院後もしばらくリハビリに通った。リハビリのない日も妻に付き添ってもらって松葉杖をついて駅前まで来て、このベンチに腰掛けて妻の買い物が終わるのを待った。そのときつくづく「この街にはいろんな人がいるなあ」と思った。あたりまえのことだけど。

コロナ禍前は毎年、この噴水のところにステージを組んで市民音楽祭が開かれていた。出演するのは地元の音楽サークルがほとんどだけど、雅楽奏者の東儀秀樹さんとお母さん・お姉さんが毎年必ず出演する。

駅前にある古いビルが三敬ビル。１９７０年に建てられたというから、半世紀以上。２階と３階に区民センターがあり、２階に会議室や卓球場、３階に図書館。地下が生協の食品スーパー。以前は１階に書店・青果店・鮮魚店・電気店などが並び、なかでも青果店と鮮魚店は活きがいいのでわざわざ遠方から来る人もいたほどだったけど、いずれも店主の高齢化と後継者問題で閉店してしまった。いまは百円ショップとクリーニング店、電気店などがわずかに残るだけで、がらんとしたフロアにパイプ椅子が並んでいる光景は異様だ。以前、姫野カオルコさんのインタビュー記事が新聞に載ったとき、姫野さんはこの荒涼としたフロアを取材場所に指定したと記者が困惑気味に書いていて、さすが姫野さんだなあと感心した。なにしろ直木賞受賞が決まったとき、上下ジャージで首からタオルを垂らしてコメントしていた人だ。

3階の図書館も古い。ぼくはよくお世話になっている。何年か前、天井から水漏れする事故があり、開架式の棚が水をかぶってしまった。汚損した本は廃棄となり、一時は立ち入り禁止になっていた。東京明日佳病院に入院しているとき、病棟のロビーから図書館がよく見えた。

三敬ビルと東京明日佳病院のあいだの諏訪山通りを進むと、左に人気パン屋のクピドが見えてくる。ときどき行列ができている。

目黒線の線路と直角に交わるのが自由通り。南に進むと東玉川を抜けて中原街道の雪谷大塚に突き当たる。北に進むと自由が丘。さらに北に進んで目黒通り。もっと行くと国道246号と田園都市線の駒沢大学駅。さらにもっと行くと世田谷通りにぶつかる。

自由通りを奥沢駅前から少し南下するとY字路になっている。かつて、この角には入船という寿司屋があった。マグロ、それもトロで知られる店だったが、やはり店主の高齢化で閉店。Y字路の自由通りから枝分かれした方が奥沢商店街なのだけど、ぼくが住むようになったこの19年のあいだにもいろんな店がどんどん閉店していき、新しい店もポツポツできるのだけど新規開店より閉店数のほうが上回る状態が続いていて、商店街は寂しくなるばかりだ。

奥沢には奥澤神社がある。発祥は室町時代だという。鳥居に藁でつくった大蛇がからまっている。お祭りのときはこの大蛇が御神輿とともに町内を練り歩く。いつのまにか門前から緑が丘駅まで延びる通りに「大蛇通り」の標示板が。でも地元の人はたんに「緑が丘に行く道」と呼ぶ。

奥澤神社はかつて八幡神社と呼ばれた。いま八幡小学校は環八沿いの高級食品スーパー田園の裏手にあるけれども、この奥澤神社の社寮にあった寺子屋がルーツだったらしい。秋には境内が銀杏の葉で埋め尽くされ黄金色に輝く。

奥沢の日々

これは全国的な傾向なのかもしれないが、ここ数年、奥沢・自由が丘界隈に自家焙煎の喫茶店が増えてきた。奥沢駅周辺だけでも、アランチャート、オニバス、奥沢ファクトリー、ストーリーライン、ユーブレンド、茶の子があり、豆の販売専門のビーンハットもある。自由通りの東横線踏切近くにはクロッシングコーヒーロースタリーがあるし、等々力通りを等々力方面に歩くとエボニーコーヒー、カーム、讃があり、九品仏商店街にはコンパスコーヒーがある。自由が丘デパートにはこ豆がある。わが家の好みはアランチャートとカームで、両方の豆を交互に買って手回しミルで挽いてペーパードリップで淹れている。おいしい豆屋が増えたのはうれしいけれど、カフェでコーヒーを飲んでもぼくが自分で淹れるよりもおいしいコーヒーにはめったに出会えないのが残念なところだ。

若いときから散歩が好きだけど、トシヨリになって頻度が増えた。徘徊老人の気分がよくわかる。奥沢4丁目のわが家から往復で1時間から1時間半ぐらいのエリアをよく歩く。必然的に東急沿線を歩くことになる。定番コースがいくつかある。まず、宝来公園・多摩川台公園コース。奥沢商店街を抜けて田園調布中学校の前で環八を渡り、田園調布駅の旧駅舎をくぐって宝来公園、多摩川台公園に至る。春は宝来公園の梅を、初夏は多摩川台公園の紫陽花を愛でながら歩く。多摩川台公園には古墳が連なり、天気がいいと富士山も見える。水生植物園の睡蓮や半夏生もかわいい。多摩川駅近くの浅間神社は映画『シン・ゴジラ』にも登場し、自動販売機にはゴジラのイラストが描かれている。多摩川駅に隣接してせせらぎ公園。「ヘビに注意」なんて書かれているから、都会の公園も侮れない。多摩川駅からカトリック教会と修道院の脇の坂を上がり住宅街を歩く。田園調布3丁目は豪邸が多い。鳩山由紀夫邸の前を通って環八を渡り、八幡小学校の前を通って帰る。

洗足池コース。奥沢駅前から目黒線と並行するように延びる諏訪山通りを歩き、呑川を渡ると東工大の下に出る。坂の途中で右に折れ、ほとんど獣道のような細い道を進むと石川神社。その先を左折して進むと洗足池に出る。いつも反時計回りに池の周囲を歩く。必ず勝海舟のお墓にお参りする。江戸を救った偉人だ。洗足池から大岡山駅前に出て、緑が丘駅前から九品仏川緑道経由で自由が丘駅前に出て家に帰る。

八雲・柿の木坂コースは、緑が丘駅前から呑川緑道を歩く。都立大学駅前からめぐろパーシモンホールの先の、つ久しで豆大福を買って帰る。

たくさん歩きたいときは等々力渓谷まで足を延ばす。奥沢・九品仏・尾山台・等々力の住宅街の中を歩き、等々力駅近くのゴルフ橋から渓谷に下りる。多摩川野毛町公園の古墳を一回りして帰ることもあれば、等々力不動にお参りして環八の裏道を歩いて帰ることもある。

ちょっとだけ歩こうかなというときは九品仏に行くことが多い。九品仏商店街から参道を通って総門前の猫たちを見て（いつも2、3匹いる）、山門をくぐり、下品、上品、中品の順番で9体の仏さんに手を合わせ、最後に本堂のご本尊を拝む。下品は「げひん」じゃなくて「げぼん」と読む。初夏は鷺草園を覗く。九品仏川緑道から自由が丘駅前を通って帰る。

そのほか、都立大学駅前経由で学芸大学駅まで行くこともあるし（マッターホーンのバウムクーヘンが目当て）、雪が谷大塚・石川台から荏原病院前の清家清邸「私の家」まで行くこともある。いつだったか朝の駒沢オリンピック公園を歩いていたら、ピーター・バラカンさんとすれ違った。

このあたりの道路は明治時代までは田んぼや畑のなかの道だったところが多く、京都や札幌のように碁盤の目ではない。南に進んでいるつもりがいつの間にか西に向かっていたり、意外なところに出たり。いまはスマホの地図アプリで現在地を確認できるからかつてのような驚きや不安はなくなってしまったけれども、歩く楽しさは変わらない。

自由が丘エリアは散歩コースに事欠かない。考えてみれば大岡山に住んでいたときも長原に住んでいたときも等々力に住んでいたときも、暇があればよく周辺を散歩していた。散歩が楽しい街であることも、東急沿線の魅力だ。

書店と図書館

東急沿線に住み続けている理由のひとつは書店と図書館。読書環境と言い換えてもいいかもしれない。

まず図書館について。大岡山に住んでいるときは主に目黒区立緑が丘図書館を利用していた。中央図書館的な役割を担っているのは祐天寺にある守屋図書館。

長原に住んでいるときは馬込駅近くの大田区立馬込図書館によく行った。馬込にはかつて馬込文士村があった。関東大震災の後に作家や芸術家たちがこのあたりに引っ越してきたのだ。川端康成や石坂洋次郎、室生犀星、宇野千代らがいた。馬込図書館には文士村の展示室があった。中央図書館的な役割は沼部駅近くの大田図書館で、ここも自転車で通った。大田図書館には京浜工業地帯についての本がたくさんあった。洗足池のほとりの洗足池図書館に行くこともあった。

等々力に住んでいるときは尾山台図書館を利用した。中町通りを上がって深沢図書館に行ったこともある。世田谷区の中央図書館は田園都市線の桜新町駅から少し歩いたところにある。さすがにちょっと遠いので、あまり行くことはなかった。

奥沢は世田谷区と目黒区と大田区の境目にある（国道２４６号の南側は目黒区に譲って

もいいんじゃないかと思う。目黒区の人口は28万人で、世田谷区は94万人だ）。奥沢図書館（世田谷区）と緑が丘図書館（目黒区）をメインに利用していて、たまに洗足池図書館（大田区）にも行く。いまはオンライン目録が整備されて自宅からでもアクセスできる。最寄りの館にない本も他館から取り寄せてもらえる。世田谷・目黒・大田の３区の図書館を使えばかなりの本がカバーできる。

書店について。大岡山に住んでいるときは、北口の商店街に２軒の新刊書店があった。もっとも、80年代は書店に勤めていたし、編集者をしていた90年代前半まではオフィスのある市谷や四谷に通っていたから、大岡山よりも四谷や乗り換え駅の渋谷、目黒の書店に行くことの方が多かった。特に渋谷はパルコブックセンターや大盛堂書店、紀伊國屋書店、旭屋書店、三省堂書店など大型書店が集まり、コミック専門店もあった。ぼくがよく行ったのは旭屋書店と大盛堂書店だった。

編集の仕事をやめてライター専業になるのは長原に引っ越すのと同時だった。長原も旗の台も荏原町もそのころは駅前に小さな書店があった。

等々力に住んでいるころも、大井町線の各駅の近くには１軒か２軒の小さな書店があった。等々力駅は駅の北側に１軒、南側に１軒あった。奥沢に引っ越してきたときは、奥沢

東横線・大井町線自由が丘駅前

駅の近くに2軒の新刊書店が、奥沢商店街の奥に1軒の新刊書店があり、キリスト教関連の本が充実した古書店もあった。

2000年ごろは自由が丘にもたくさん書店があった。駅前には不二屋書店。少し離れて自由書房。駅に隣接したビルには三省堂書店。東急ストアに東光堂書店。青山ブックセンター、ヴィレッジヴァンガード、ブックファーストもあった。古書店は南口に隣接したビルに東京書房。西村文生堂は3店舗あった。自由が丘デパートの地下には絵本・児童書専門の古書店があった。三省堂書店がピーコック内に移転したのちに撤退し、居抜きで芳林堂書店が入ったり、青山ブックセンターが移転するなどしたが、ハシゴして歩くのが楽しめるくらい新刊書店や古書店があった。

最近は自由が丘の書店も減っている。いま残っている新刊書店は正面口の不二屋書店と南口のブックファーストぐらいだ。以前、青山ブックセンターがあったところにはTSUTAYAが入ったが、DVD・CDのレンタルが中心で書籍・雑誌はほんのわずか。少し離れた学園通りにクラフトビールも飲めるREWIND（リワインド）ができたのは嬉しい。

古書店は西村文生堂とブックオフ。ブックオフはひところ自由が丘でいちばん大きい

〝書店〟だったけれども、最近は書籍やCDを減らして洋服や洋品、アクセサリーなどの中古品売買のスペースを広げた。

大井町線で自由が丘から二子玉川のあいだの各駅近くからも書店はほとんどなくなってしまった。散歩の途中で書店を覗くのが楽しみだったのに。

東急沿線に住み続ける理由

40年も東急の沿線、それも自由が丘から近いところに住み続けてきた理由はなんだろう。相模原市から大岡山に引っ越したときは、大岡山を選んだというよりもたまたまいいタイミングで空き物件があったからにすぎなかった。他の街でもよかった。大岡山という街をよく知らなかった。住んでいるうちにいろんな事がわかってきた。たとえば大岡山という街区は目黒区に属しているけれども大岡山駅があるのは大田区北千束であること、大岡山北口商店街も目黒区ではなく大田区に属することなども住んでしばらくして知った。

この街に親や親戚がいるわけでもない。通った学校が近かったわけでもない。それでも住み続けてきたのは、やはり居心地がいいからにつきる。

ほどよいにぎやかさとでもいおうか。東急沿線には起点の渋谷を除くとそれほど大きな街はない。自由が丘は雑誌やテレビでよく取り上げられる街だけれども、にぎやかなのは駅周辺のエリアだけだし、そのにぎやかさも、たとえばバブル時代の原宿竹下通りのようなものではない。わざわざ遠くから来た人は「えっ、こんなもの」と肩透かしを食らったような気持ちになるかもしれない。

自由が丘には自由が丘デパートはあっても百貨店はないし、大型商業施設もない。飲食店や洋服店、生活雑貨店などが通りに並んでいる。道路はどこも狭く一方通行が多い。路上駐車は少ないが、それは路駐があるとたちまち渋滞してしまうからだ。しかし、この狭い通りにいろんな店が並んでいるというところが自由が丘の魅力だ。清潔さと猥雑さのバランスがいい下北沢とも共通する。自由が丘には街路を歩く楽しみがある。ヴァルター・ベンヤミンの『パサージュ論』を思い出す。

対照的なのは二子玉川かもしれない。玉川高島屋の百貨店とショッピングセンターが中心だったところに、大型商業施設のライズができて街が広がり人の流れも変わった。タワーマンションが並び、公園も整備された。路面店は高島屋の裏手の方に並んでいるが、存在感は薄い。大型施設中心の街だ。

二子玉川について

二子玉川を「にこたま」と呼ぶか「ふたこ」と呼ぶか。バブルのころは自由が丘を「がおか」とか「おかじゅう」と呼ぶ人がいたけれど、最近は聞かない。でも「ふたこたまがわ」は長いので「にこたま」「ふたこ」と略したくなる。ただ、二子新地という駅もあるから、略すのなら「にこたま」のほうがいいと思う。というわけでぼくは「にこたま」を使っています。ついでにいうと東急沿線には「むさこ」問題がありますね。武蔵小山の略なのか武蔵小杉の略なのか。どちらも目黒線の駅なのでまぎらわしい。武蔵小山は「むさこ」で武蔵小杉は「こすぎ」というべきだという人もいる。これについては、だったら略さずに武蔵小山・武蔵小杉といえばいいではないか、というのがぼくの意見だ。二子玉川についても「にこたま」はバブル臭がするから略さないほうがいいという意見も目にしたことがある。バブル臭かどうかはともかく、略称は仲間内の符丁みたいであまりいい感じはしない。西荻窪に住んでいたころ、吉祥寺のことを「じょーじ」と呼ぶ人がいてなんだかなと思った。もっとも、西荻窪は「にしおぎ」というけど。

等々力に住んでいた5年間は二子玉川によく行った。徒歩で行くことも自転車で行くこともあった。等々力通りを進むと上野毛駅前。そのまま環八を渡って坂を下る。坂の途中に宮城まりこさんのお屋敷。門扉に♪がついている。坂の左側は上野毛自然公園。以前は坂を下りきったところに都立高校や自動車教習所があった。右折すると二子玉川。

二子玉川に行くということは髙島屋に行くということと同義語だった。それも本館ではなく南館・SC館に入っているショップを覗いて回るのだった。ひところはほとんどの洋服を南館のビームスやシップスで買っていた。文具の伊東屋、紀伊國屋書店、眼鏡のフォーナインズでもよく買い物をした。南館が拡張されてからは、レストランにもときどき行った。本館地下の和菓子店もよく行った。

駅の南側（というか、正確には東側）には東急ストアと東急ハンズがあった。ハンズは渋谷に比べると小さな規模の店だったが、それでもちょっとした金物や工具を買うのに便利だった。

この40年で二子玉川の東側が大きく変わった。ぼくが大岡山に引っ越したときは、まだ遊園地「二子玉川園」があった。それが１９８５年に閉園して、跡地は二子玉川タイムスパークと名づけられ、ナムコワンダーエッグやいぬたま・ねこたま、テニスコート、レストランなどができた。等々力に引っ越した98年ごろもワンダーエッグやいぬたま・ねこたまはあった。

それが2000年代になってから再開発が進み、風景は一転した。タイムスパークはなくなり、東急ハンズや東急ストアもなくなった。代わってライズができ、タワーマンションが並んだ。ライズには文教堂書店の大型店と、別の棟に蔦屋家電が入った。蔦屋家電は家電も置く蔦屋書店だ。ライフスタイルの提案がコンセプトらしい。広い公園もできた。

変化というのは恐ろしいもので、新しい建物がいろいろできると、以前はどんな風景だったのか思い出せない。

蔦屋家電ができたばかりのころ、雑誌の仕事で取材した。たしか開店前の8時ごろに取材したのだった。蔦屋家電にはスタバが併設されていて朝7時から営業している。こんなに早くから開ける必要があるのかとマネージャーだったか広報担当者だったかに訊ねると、二子玉川には子供を幼稚園（注・保育園にはあらず）を通わせている家庭が多く、子供を幼稚園に送った後の母親たちのために早くから開けるのだといっていた。彼女たちは朝からフルメイクでオシャレもしているので、そのまま帰るのは忍びないというか、ママ友たちとおしゃべりもしたい。そんな母親たちと、犬の散歩をする人たちのために朝から開けているのだ、と説明された。そのときは、「またまたぁ、話を盛っちゃって」と内心思いながら「ふむふむ、興味深いお話ですなあ」と頷いていたのだけれども、本当にやってくるのだ、幼稚園マダムたちが。みなさんおきれいで、お召しものも高価そう。センスもよくて。「ニコタマダム」って実在するんだ！　と驚いた。

田園調布には田園調布雙葉学園という幼稚園から高校までのお嬢様学校があって、最寄り駅は田園調布か九品仏なのだけど、下校時刻には旗を持って子供たちを誘導する母親たちが通学路の要所要所に立っている。「シャネルのスーツにフェラガモの靴」なんていわれたりもしたけど、それはオーバーとしても、みなさん高価そうな服を着ていらっしゃいます。

奥沢に引っ越してからは頻度が減ったものの、ときどき二子玉川へ行く。渋谷よりも頻度は高い。なぜ渋谷より二子玉川に行くのか。やっぱり渋谷は人が多すぎるし、若い人が多いのでなんだか落ち着かない。

あれはまだ90年代だったと思うけれども、渋谷ロフトの幹部に取材したことがあった。そのとき彼が渋谷の街の問題点として「過度のヤング化」と話していたのが印象的だった。その少し前にセンター街にチーマーが増えて、トラブルが続発しているというニュースもあった。ガングロのコギャルたちが闊歩していた。「若者の街」というといいイメージがあるが、実業界の大人たちからすると必ずしもそうではないのだなと感じた。「過度のヤング化」の問題点は２つあり、１つはチーマー同士のトラブルやチーマーと一般人とのトラブル。センター街でチーマーがサラリーマンとおぼしきスーツ姿の男性に土下座させていた、という話も聞いた。もっとも、不良少年によるカツアゲなんていうのは昔から全国どこでも盛り場ならありふれた話で、渋谷だけの話じゃない。ただ、渋谷のコギャルやチーマーがメディアで注目され、それによってさらに若者たちが集まった。

「過度のヤング化」の問題点２つめは、渋谷を訪れる人が使うお金が減っていることだった。それはそうだ、若者たちはお金なんて持っていないもの。お金を使う人が来るのは歓迎するけど、使わない人は来ないでほしい、というのが実業界の大人たちの本音だ。かくして２０００年代の渋谷は街をどう大人化するかが隠れた課題だったのだと思う。たしかにひところよりセンター街の若者は減ったように思う。とはいえやはり他の街に比べて若者が多い。だからぼくも無意識に、出かけるなら二子玉川へ、となってしまう。

蒲田について

蒲田という街はあまり東急沿線のイメージがないけれども、池上線と目蒲線あらため東急多摩川線の始発駅の街で、東急プラザもそびえている。昔は毎年、蒲田に行った。東急とＪＲの蒲田駅から歩いて10分ぐらいのところに大田区産業プラザがあり、そこで城南エリアの中小企業従業員向けの健康診断が年に１回行われていた。いや「いた」と過去形で書いたけれども、たぶん健康診断は今も続いているはず。ぼくも妻も健康診断は受けないことにしたので最近は産業プラザにも行っていない。蒲田で楽しみなのは餃子だ。蒲田にはおいしい餃子屋がたくさんある。いちばんのお気に入りは大田区庁舎の入ったビルにある歓迎という中華料理店。京急蒲田駅から東急の蒲田駅への途中にもおいしい餃子屋がいくつかある。北海道から夕方の便で羽田に着き、家に帰る途中で餃子屋に入ると、隣のテーブルでキャビンアテンダントと整備士のみなさんが合コン（っていう言葉、最近は聞きませんね）をしていたのに遭遇したことがある。

以前、蒲田の東急プラザには栄松堂書店があった。人文書の品ぞろえが良くて、ときどき覗きに行っていた。ＪＲの蒲田駅側にあるグランデュオの西館には有隣堂が、東館にはくまざわ書店がある。

蒲田といえばユザワヤだ。ほとんどユザワヤ王国。手芸用品を中心に文具や雑貨などいろいろある。しかも複数の建物に分かれていてほとんど迷宮のよう。

蒲田に東急色が薄いのはなぜだろう。ＪＲの存在感が強すぎるのだろうか。確かに京浜東北線に比べると池上線と東急多摩川線はマイナーである。でも2路線もあるのだ。しかも始発駅。両方合わせればＪＲに負けていないと思うのだけど。

自由が丘について

谷底にあるのに自由が丘、丘の上なのに奥沢という。緑が丘も駅のすぐ近くには呑川と九品仏川の暗渠があってちょっと低くなっている。よく「沢とか沼とか水に関係のある字がついている場所は、かつて川や沼だったことがあり、水害の恐れがあるから注意したほうがいい」なんて聞くけれども、このへんにはあてはまらない。自由が丘の「丘」というのはどの辺をいうのだろう。目黒通りは少し高くなっていて丘という感じがするけれども。名前と実態のずれでいうと、都立大学駅も学芸大学駅ももう近くに大学はない。

地名に自由が丘とつくのは1丁目から3丁目までしかなく、意外と狭い。そういえば自由が丘のマンションに住んでいた作家の鷺沢萠さんが「自由が丘は3丁目までしかないので、番地が自由が丘の物件は貴重だからぜひ買っておけと不動産に詳しい友だちにいわれた」といっていた。

自由が丘駅は目黒区自由が丘にあるけれども、南口の九品仏川遊歩道から向こうは世田谷区奥沢。自由通りの東側は目黒区緑が丘、北に行けば目黒区中根。西に行けば世田谷区奥沢と世田谷区等々力。目黒通りを越えると目黒区八雲と世田谷区深沢。集合住宅や商業施設の名前を見ると、目黒通り、駒八通り、みどり中根通り、自由通りの内側あたりを自由が丘と名乗っているようだ。奥沢駅や都立大学駅のほうが近いのに名前に自由が丘とつけている集合住宅もある。所番地が大岡山や深沢でも「自由が丘に住んでいます」という人もいる。一部の京都人が「上京区・中京区・下京区だけが京都」とか「秀吉がつくった御土居の内側だけがほんまもんの京都」などというみたいに自由が丘駅から半径1キロメートル以内だけが自由が丘だとはいわないけれど、少々遠くても自由が丘と主張したくなるのは、たとえば吉祥寺などでも見られるような人気エリア特有の現象なのだろう。

しかし、自由が丘でにぎやかなのは駅周辺だけだ。駅から10分どころか5、6分も歩けば静かな住宅街になる。だから遠くからわざわざ来た人はびっくりする。渋谷や新宿、銀座とは違うのだ。

駅の周りには狭い通りが縦横に走っている。商店街ではこの通りに名前をつけている。それがちょっとぼくには恥ずかしい。「カトレアストリート」とか「サンセットアレイ」とか「ヒロストリート」とかいうのである。南口の駅前は「マリ・クレールストリート」

ない。だ。ただ、住んでいる人が日常会話の中でこれらの通り名を使っているのは聞いたことが

実は路地に通り名をつけるということはかなり前から行われていて、以前は「ガーベラ通り」とか「いちょう通り」とか「わかくさ通り」とか、主に植物の名前がついていた。それが２００４年に「わかくさ通り」は「メイプルストリート」に、「つばき通り」は「ヒロストリート」にと、多くがカタカナになり、「通り」は「ストリート」になった。

この狭い通りにいろんな店が軒を並べているのが自由が丘の魅力だ。集まる店にも流行があって、ひところは生活雑貨、インテリア雑貨の店があちこちにあった。私の部屋といまはもうなくなってしまったデポー39が核で、いろんな店が集まってきていた。世の中も雑貨ブームだった。雑貨はただ見て回るだけでも楽しいもので、それが街を散策する楽しさと相乗効果をもたらしていた。ぼくはいまも私の部屋やキャトルセゾン、イデー、ＴＣ、トゥデイズスペシャル、カタカナなどをときどき覗く。

「スイーツ」と口にするのは気恥ずかしいので、洋菓子といいたいが、ブームはまだ続いているのだろうか。自由が丘といえばナボナの亀屋万年堂が有名だけど（「お菓子のホームラン王です」という王貞治のＣＭを覚えている人は還暦以上か）、モンブランやダロワ

イヨなど菓子店が集まっている。辻口シェフのモンサンクレールに行列ができたころがブームのピークか。あるいは洋菓子店を複数集めたスイーツフォレストができたころか。

いまも自由が丘には洋菓子店がたくさんあり、どこもにぎわっている。バレンタインデーの直前なんか大変なことになっている。新しい店ができるたびに試してみるが、やはり老舗のモンブランやダロワイヨのものがおいしいと感じる。あくまで個人の感想ですけど。

近ごろ目立つのは古着屋だ。たぶんこれは自由が丘に限らず全国的な傾向なのだろう。一方、新品の洋服を売る店、特にメンズの洋服店は減っている。ぼくがブラックフリースのジャケットやノルウェージャンレインのコートを買ったトゥモローランドのメンズ店もなくなってしまった。アウトドア系ではエルエルビーンもエディバウアーも閉店してしまった。いまも営業中なのは、メンズのセレクトショップでいうと、ユナイテッドアロウズ(ただしグリーンレーベル・リラクシング)、B'2nd、ジャーナルスタンダードとそのレリューム、ステップス、ロウライフ……って、数え上げると結構ありますね。ほかにもまだあるかもしれない。レディスはもっとたくさんある。

初めて自由が丘を訪れた人は、たいてい自由が丘デパートに驚く。デパートと名乗ってはいるが東横線の線路ぎわに細長く伸びる長屋のような商業施設だ。1階と地下が主に物販で2階と3階が飲食、4階は語学教室など。昭和にタイムスリップしたような感覚を味わえる。客の年齢層も高い。以前、地下には骨董店や絵本と児童書の古書店もあった。骨董店にあった「桃山時代」と札のついた茶碗がやけに安いので箱書きはあるのかと聞くと、店主は「そんなものがあったら、値段のゼロが2つは違うよ」と笑うのだった。デパ地下ブームのころ、自由が丘デパートの地下も「ここもデパ地下」とアピールしていたけれども、いまは3分の2ぐらいのスペースが空いてしまっていてなんとも寂しい。

自由が丘デパートはグリーンロードで途切れ、道を渡ると自由が丘ひかり街と名前を変える。一応、別の施設らしいが、客には同じに見える。ひかり街は基本的に1階だけで、2階に飲食店が少しある。ひかり街の鈴木鳥獣店は小鳥を中心にモルモットやカメも売っている。ぼくはここのうさぎを見るのが好きで、週に1度は見に行く。うさぎはけっこう人気があるようで、しょっちゅう入れ替わる。売れてしまって、次のうさぎがしばらく入ってこないこともある。ヨウムがブツブツひとりごとを言っている。

自由が丘デパートもひかり街も、最近は空き店舗が目立つ。いい感じの心やすらぐ空間なので、末永く続いてほしい。

大岡山に住んでいるころ、このひかり街のなかに映画館があった。ピンク映画専門で、ぼくも何度か入ったことがある。いつのまにかなくなってしまった。いま考えると、あの狭い空間にどうやって映画館をつくったのか不思議だ。スクリーンと座席の位置はどんなふうだったのだろう。

映画館といえば、熊野神社の前には武蔵野推理劇場という名画座があった。クラシックなつくりで、たしか『ブルータス』のファッション特集がロケ場所に使ったこともあった。小津安二郎の映画祭があって、開場前に妻と並んでいたら、少し後ろに伊丹十三と宮本信子夫妻、そして彼らの子供たちが並んだ。宮本さんはたしかルイ・ヴィトンだったと思うけど、モノグラムがプリントされた傘を日傘にして立っていて存在感があった。やっぱり女優さんは違うなあと思った。伊丹の初監督作品『お葬式』が84年11月公開。その前の年か前の前の年だったと思う。

武蔵野つながりでいうと、大井町には大井武蔵野館があった。ここは大井町駅からちょっと歩くのだけど、ぼくの好きな映画をやっていた。

自由が丘にはもう1館、たしか自由が丘劇場という映画館があった。いまバーミヤンがあるあたりだったか。ここもピンク映画が多かったけど、いちどオールナイトで小津映画を連続上映していて、何本目かのときオープニングで客席から笑いが起きたのを覚えている。小津の映画はタイトルが出てくるところが音楽も含めてどれもそっくりだから。

自由が丘はお祭りが多い。氏神である熊野神社のお祭り（9月の第1日曜日）以外に、10月上旬には女神まつりがあり、5月下旬には南口の九品仏川緑道を中心にしたマリクレールフェスティバルがある。そのほか、4月上旬はさくら祭り、5月上旬にはスイーツフェスタ。お祭りではないけど、クリスマス前には正面口のクリスマスツリー点灯式もある。女神まつりでは駅前ロータリーにステージが組まれて野外コンサートを開催する。ぼくもクレイジーケンバンドのときは見に行った。

お祭りが盛んなのは商店街の人びとが熱心だからだ。何もしなかったら衰退する、とにかく街を盛り上げなければ、という危機感が伝わってくる。最近は産業能率大学の学生たちもお祭りに加わっている。女神まつりのときは雑誌『Ｈａｎａｋｏ』で自由が丘特集が組まれる。

自由が丘の商店を象徴していると感じるのが駅の近くにあるポパイカメラだ。小さな街のカメラ店である。カメラ店といっても、カメラは量販店で買うのがあたりまえの時代になってからは、ＤＰＥが中心だった。ぼくも取材で撮影したフィルムの現像やプリントでずいぶんお世話になった。やがてデジカメが普及し始めると街のDPE店は次々と姿を消していった。そのときポパイカメラはクラシックなフィルムカメラに力を入れ始めた。それだけでなくカメラまわりのグッズも取りそろえた。世間の流れに逆行するようだった。ところがこの方針転換が若者、特に女性たちに受けた。フィルムで撮った写真の質感が支持されたのだ。「カメラ女子」なんていう呼び方はいかがなものかと思うけれども、オタク的感性とはひと味違うところで写真を楽しむ人たちがポパイカメラを訪れる。方針転換をめぐっては店主と後継者である息子さんとのあいだで激しい口論もあったそうだ。

自由が丘のような街では、個人商店を続けるよりも、店舗を売ってしまうか、貸しビル業に商売替えしたほうが楽だ。実際にそうしている人もいる。でも、あれこれ工夫しながら商売を続ける人もいる。

自由が丘の喫茶店

ぼくは自宅に人を呼ぶのが嫌いなので、打ち合わせは喫茶店でする。奥沢ではアランチャート。自由が丘の場合は選択肢が増える。いちばん多いのは駅前のダロワイヨ。マカロンで有名な店だ。1階が洋菓子とパンの売場。2階がカフェ。窓際の席で駅前を見下ろすのが好きだけど、いつも繁盛していてなかなか希望の席にありつけない。ぼくはここでたいてい紅茶、ダージリンのストレートを飲む。ダロワイヨはケーキバイキングが人気だ。ダロワイヨで打ち合わせをするのは、場所がわかりやすいから。自由が丘に来たことがない人でも「正面口を出たら目の前。不二屋書店のとなり」というと必ず伝わる。

ほかに打ち合わせ場所に使うのは、大井町線の線路際にあるアンセーニュ・ダングル。クラシックな感じで雰囲気がいい。コーヒーは苦め。いつだったか、店内に入ると知った顔があるので「こんにちは」というと、相手はちょっと戸惑いながら笑顔で「こんにちは」と返してくれて、しかしぼくは相手が誰だったのか思い出せず、とりあえず違うテーブルについて「はて、誰だったっけ」と考えたら、歌手の谷村新司さんだと思い出した。すごく恥ずかしくて顔が真赤になった。こっちは向こうを知っていても、向こうはこっちを知らないわけで、戸惑うのもあたりまえである。やがて待ち合わせていた編集者が来て、ぼくは打ち合わせに入ったので、谷村さんが出て行くのに気づかなかった。失礼なことをしてしまった。

そのほか、メルサの裏側、九品仏川緑道沿いにある十一房珈琲やその向かい側にある茶乃子で打ち合わせをすることもある。以前は不二屋書店の脇の路地を入ったところ、マクドナルドの向かいに六文銭という古い喫茶店があったけれども、数年前に閉店してしまった。

ブルーノート東京系列のブルーブックスカフェが私の部屋の向かい側、地下にあって、『入試文芸頂上作戦　東大対京大』という本の打ち合わせと原稿のやりとりはすべてその店だけでしたのだけれど、どんどんお店の人気が出てきて席を確保するのにも苦労するようになり、次第に打ち合わせに使わなくなってしまった。やがてベーカリーダイニング８６８６という店に衣替えして、しかしそれも長くは続かず閉店してしまった。

編集者によっては、朝早く打ち合わせをしたいというときもある。アンセーニュ・ダングルは10時から、ダロワイヨは11時から。そんなときは８時開店のアルファベータコーヒークラブか９時開店のパンとエスプレッソと自由形へ。

九品仏について

九品仏は駅名で、住所は奥沢。浄真寺、通称九品仏の門前町である。駅を出て等々力通りを渡ると松並木のある参道が１５０メートルほど総門まで続いている。参道の東側には交番、地区会館、公園、まちづくりセンターが並んでいる。公園は雨の日以外、いつも子供たちでにぎやかだ。総門の前は猫たちが集まってくる。観察していると、定期的に餌を与えに来る人が何人かいる。意地悪する人もいないので猫たちはのびのびとしている。あるとき、猫の餌用の食器をカラスが盗ったことがある。白い食器を咥えて飛び去るカラスに、いつも餌を与えている女性たちが「餌はいいけど、お茶碗は返して！」と叫んでいた。早朝は総門の前でラジオ体操がある。

九品仏は浄土宗のお寺。西に向かって建つ本堂の前に３つのお堂が並んでいて、それぞれに３体の仏像がある。九品仏という名前の由来はそこから。本堂の脇に鷺草園――といっても５、６坪もあるかどうかという小さなもの――があって、なぜかそこだけは世田谷区のものらしい。鷺草は世田谷区の花。自宅で育てている人もけっこういるようで、毎年、夏になると参道脇の地区会館でコンテストが開かれる。

３年に１度、おめんかぶりという行事がある。正式には二十五菩薩来迎会という。３つのお堂の真ん中と本堂をつなぐ橋が架けられ、その橋を菩薩に扮した人が渡る。顔には菩薩のお面をかぶるが、前が見えないので家族がつきそう。かなり奇妙なお祭りだ。以前は真夏の暑いときにあって、見物するぼくらもたいへんだった。最近は５月に変更されたが、コロナ禍で２０２０年はお休み。次回は未定。

東急をつくった五島慶太の墓も九品仏にある。墓地を散歩するとものすごく古いお墓がけっこう多い。なにしろ17世紀から続くお寺だ。ぼくは大岡山に住んでいるころから大好きで、等々力に住んでいるときも九品仏にお参りしてから自由が丘へ行くことが多かった。いまもだいたい月に2、3回は境内を散歩する。春は桜、秋は紅葉がきれいだ。

ひところ九品仏が荒れていたことがある。門前の石屋が勝手に墓の売買をしたとかで争いになった。そこにヤクザ系右翼というか右翼系ヤクザがつけ込み、一時期は門前のアパートに居座り、目つきの悪い男たちがたむろしていた。黒い街宣車がさわいでいたこともある。ついにヤクザがお寺の警備員を殺害するにいたって警察が全面介入し、ヤクザは追い出され、彼らが根城にしていたアパートも取り壊された。それから境内の整備が進んだ。以前は土が露出したところも多かったが、植物が植えられ歩道と区分された。伐採された木の幹を利用してベンチがつくられ、参拝者が休憩できるようになった。本堂も常時開放され、いつでもお参りできるようになった。整備が進むと参拝者も増えた。以前は誰もいないことも多かった境内も、いまは常に誰かがお参りしている。

そばに小林旭さんの邸宅があって、前を通るとぼくはつい、「昔の名前で出ています」とか「ついて来るかい」とか歌いたくなるのだけれど、ぼくが歌いはじめると妻は離れて知らない人のふりをする。

最近、九品仏で増えているのが緑色のインコだ。10年以上前、東工大キャンパスにインコの群れがいると新聞に載ったことがあるけれども、最近は九品仏や田園調布でもよく見かけるようになった。このあたりだけなのか、それとも都内全域で増えているのか、あるいは全国的な現象なのか。いちど小林邸の横の電線にインコが行列していてギョッとした。ヒッチコックの『鳥』みたいだった。あのインコたちが歌を覚えて小林旭メドレーをやっていたらウケるんだけど。

九品仏の北側、墓地の裏手にねこじゃらし公園。遊具のない、原っぱとトイレと四阿だけのシンプルな公園で、とても気持ちがいい。このあたりから九品仏川が始まり、自由が丘駅の南側を通って緑が丘駅のそばで呑川に合流する。九品仏川は暗渠でその上は緑道になっている。

九品仏駅から環八に向かって商店街。古くからの豆腐屋もある。少し前までは自由が丘にも奥沢にも豆腐屋があったが、いま残っているのはこの九品仏の毛利豆腐店ぐらいではないだろうか。この界隈もパン屋や洋菓子店が多い。

田園調布について

田園調布は駅の西側と東側で雰囲気が違う。高級住宅地というイメージは西側の、田園調布3丁目のもの。駅前に噴水のある小さな公園があり、薔薇が咲いている。この小公園を中心に放射線状にいちょう並木が延びる。秋は黄金色のアーチになってみごとだ。ぎんなんが落ちると臭いけれども。放射状の道をつなぐように同心円状の道路が4本。その外側の通りは自由が丘から環八までは学園通りと呼ばれ、環八を越えると宝来公園通りと名前を変えて多摩川駅の先、浅間神社の下まで続く。

田園調布3丁目は大邸宅が並んでいる。条例なのか住民の申し合わせなのかよく知らないが、一定の広さに満たない土地の売買が禁じられているので、たとえば遺産相続などで分割されることがない。広い敷地を維持できる人しか住むことができない。もっとも、バブル崩壊後はこの条件がアダとなって、空き家や空き地も目立つようになった。集合住宅はほとんどない。

小公園の前に、復元された古い駅舎がある。遠くから見てもかわいらしい。この駅舎がなかったら田園調布の風景はずいぶん寂しいものになっていただろう。あまり人通りの多い街ではない。かわいい駅舎と放射状に延びる道の感じは国立駅の南側に似ている。

駅前に店が数軒ある。有名なのは洋菓子のレピドール。カフェのペリカンコーヒーも繁盛している。朝、7時半からやっていて、散歩の途中で寄る人も多い。

田園調布駅の東側は駅前の小さな商店街と小さな総合病院、小学校が並んでいる。商店街の裏側は住宅街が広がる。たまに豪邸もあるが、他の街と同じくらいの家が多い。集合住宅もある。小さな商店街は半分ぐらいが空き店舗でさびしい。駅前の焼き鳥屋、鳥鉄は親方が長嶋茂雄の熱烈なファンで、長嶋にお祝いごと——国民栄誉賞とか文化勲章——があるごとに垂れ幕を掲げたりしている。夜はサラリーマンでにぎわう名物焼き鳥屋だ。長嶋茂雄邸は田園調布3丁目にある。昔、多摩川の河川敷にジャイアンツのグラウンドがあった。そのため田園調布に住む選手が多かったと聞くけれども、本当だろうか。

駅前商店街の坂を下ったところにサヴールという洋菓子店が最近できた。洋服のヤエカが始めた洋菓子店だ。サヴールの角から六間通りが始まり環八と並行に延びて中原街道の先まで続く。サヴールの前から六間通りをちょっと行くと通りの東側にローザー洋菓子店がある。こちらは古くからの店。小さなチョコレートがカラフルな包装紙に入っているミックスチョコレートがかわいい。

田園調布は人通りが少ない街のわりに洋菓子店が多いと思う。老舗のローザー洋菓子店とレピドールのほかに、ピネード、ラ・メゾン白金グラン、六間通りのほうにはラフェットやコティレドンもある。和菓子のあけぼのもある。田園調布には甘いものが好きな人が多いのだろうか。

田園調布駅前から多摩川駅に向かって桜並木がある。春は――といっても10日間ほどのことだが――桜を見るために人が集まってくる。

桜並木から東横線の線路越しにマンションやテニスコートが見える。昔は小学校とテニスコートのあいだ、いまは大きなマンションが建つあたりに田園コロシアムがあった。

１９７７年、ぼくが大学１年生の夏、田園コロシアムでＶＳＯＰのコンサートがあった。ＶＳＯＰというのはお酒のグレードじゃなくて、ハービー・ハンコックがマイルス・デイヴィスのクインテットを再現するために企画したジャズバンド。その名の通り、Very Special Onetime Performanceのはずだったけれども、ものすごい人気で、再結成されて来日した。キーボードがハービー・ハンコック、サックスがウェイン・ショーター、ベースがロン・カーター、ドラムスがトニー・ウィリアムズ、そしてトランペットはマイルスの代わりにフレディ・ハバード。そのころぼくはまだジャズをあまり知らなくて、このコンサートには行かなかった。行っていたら違う人生になっていたかもしれない。コンサートには行かなかったけれども、ライブ盤（というか、ＶＳＯＰはほとんどライブ盤しか残していない。スタジオ録音は１枚だけだ。マイルス門下生によるセッションバンドという性格が強かったのだろう）を聴いてグッときた。以来、ハービー・ハンコックを中心にＶＳＯＰメンバーのレコードをよく聴くようになった。当時は西荻窪に住んでいたので、隣町の吉祥寺の輸入レコード店でＬＰを買ったり、吉祥寺や新宿や四谷のジャズ喫茶に行ったりしたのだった。千駄ケ谷にあったピーター・キャットもそのひとつで、ピーター・キャットにおいてあった雑誌『ハッピーエンド通信』を読んで、青山南や常盤新平、川本三郎の仕事に興味を持ち、英米文学を中心に海外文学に興味を持つようになった。ついでにいうとアールヴィヴァン（ニューアート西武）に勤めているとき、青山南さんから原稿をもらうために二子玉川に行ったことがある。カルヴィン・トムキンズの『優雅な生活が最高の復讐である』の翻訳原稿で、青山さん指定のカフェで原稿をいただいた。憧れの翻訳家に会えて大興奮だった。ぼくがイアン・マキューアンが好きだというと、青山さんは「ぼくはあんまり好きじゃないんですよね。持っているマキューアンをさし上げますよ」といって、後日、ペーパーバックを数冊いただいた。はるかのち、２００８年から5年間、早稲田大学に勤務するきっかけとなったのは青山さんからの依頼だった。こういうふうに考えてみると、田園コロシアムとVSOPがなかったら、その後の人生は少し違っていたかもしれない、というのも決してオーバーではない。マンションの横に小さな公園があり「大田区立田園コロ児童公園」という御影石の碑がある。

桜といえば、多摩川駅の南側（多摩川側）から六郷用水の沼部あたりにかけても桜並木が見事で、沼部駅前で左折して環八方面に上って行くと桜坂。ゴルフカブリオの幌を下ろして、二子玉川から多摩堤通りを走り、六郷用水を徐行して桜坂に至る小ドライブが好きだった。桜坂は福山雅治の歌がヒットして以来、毎年、お花見シーズンにはたくさん人が集まるようになった。桜坂は切り通しをまたぐようにかかった橋がちょっといいけど、それ以外はどうってことのないただの急坂で、桜のシーズン以外は見るべきものもない。以前、福山さんにインタビューしたとき、桜坂の話になって、デビュー前このあたりに住んでいたことを聞いた。長崎からミュージシャンになることを夢見て上京し、渋谷のカフェでアルバイトしながらデビューの機会を求めていた青年にとって、どうってことのない急坂が、そのかざらなさゆえにかえって心に染みたのかもしれない。

ぼくがみた40年の変化

東急沿線に住んで40年。この40年のあいだに自由が丘界隈と東急沿線はずいぶん変わった。まず東横線。渋谷駅が地下に潜り、東京メトロ副都心線とつながった。しかも横浜駅から先はみなとみらい線だ。つまり東横線の両端は別の会社の線路につながっている。ぼくは地上の渋谷駅が、あのかまぼこ形の駅舎も含めて好きだったので、ちょっと残念だ。もっとも、妻の母は晩年を所沢の老人ホームで過ごし、ときどき世話をしに行く妻には、自由が丘から所沢まで乗り換えなしに行けるのが便利だった。

ぼくも２００８年から13年まで早稲田大学に勤務したとき、途中から副都心線ができて、研究室のある戸山キャンパスまで西早稲田駅から行くようになった。もっとも、西早稲田から研究室までは結構歩くので、東横線・半蔵門線・東西線と乗り継いだり、目黒線・山手線・東西線と乗り継いだりして、早稲田駅から行くことも多かったけれど。

副都心線は明治神宮前で千代田線と、新宿三丁目で丸ノ内線・都営新宿線と乗り換えができる。これが意外と便利で、中目黒で東横線から日比谷線に乗り換えられることも含めると、自由が丘から地上に出ることなくいろんな駅に行くことができる。さらに奥沢駅から目黒線に乗ることも加えると、奥沢・自由が丘から出かけるときのルートの選択肢はとてつもなく多い。スマホの乗り換えアプリが大活躍する。ぼくが育った北海道道北地方では考えられないことだ。北海道では公共交通機関があまりないから自動車に頼るしかない。運転できない人は移動の自由が著しく制限されている。都会と田舎の格差を実感するのはこういうときだ。

目蒲線の名がなくなって目黒線と東急多摩川線に分かれてしまった。目黒線は東京メトロ南北線と都営地下鉄三田線につながり、多摩川駅の先は多摩川を渡って日吉まで延びた。車両もカエル色の3両編成から銀色ステンレスの6両編成になった（最近は8両編成も）。三田線と相互乗り入れするようになったので、神保町に行くのが便利になった。銀座に行くときは南北線に乗り、溜池山王で銀座線に乗り換える。羽田空港に行くときは京急線に乗る。以前は車窓からの眺めが好きでモノレールを使っていたけれども、快適なのは京急線。東急多摩川線で蒲田に行き、10分ぐらい歩いて京急蒲田駅から羽田空港行きに乗る。目蒲線であれば奥沢から蒲田まで1本だが、目黒線と東急多摩川線に分かれてしまってからは、多摩川駅で目黒線から東急多摩川線に乗り換えなければならなくなった。目蒲線がなくなって、気持ちとしては蒲田が少し遠くなった。

駅舎の建て替え

駅舎も変わった。いちばん大きく変わったのは渋谷駅だ。新しい渋谷駅のデザインは安藤忠雄さん。安藤さんの渋谷駅については賛否いろいろ意見を耳にする。デザインはともかく、動線ふくめて使い勝手はいかがなものかというのがぼくの意見。特に工事中はホーム階から地上に出るエスカレーターや階段に長蛇の列ができた。ルートによって混雑度のばらつきが激しく、案内の仕方を含めてもう少し工夫の余地があったのではないか。東横線・副都心線と田園都市線・半蔵門線の乗り継ぎは便利になった。井の頭線や銀座線との乗り継ぎはどうだろう。

目黒線（旧目蒲線）もあちこちの駅が建て替えられた。始発の目黒駅が変わった。東京メトロ南北線・都営三田線と相互乗り入れするために地下に潜った。目黒通りの下を通ってＪＲ目黒駅につながる通路もできた。駅の上には大きなビルができた。武蔵小山、西小山の両駅も建て替えられて地下に潜り、大岡山駅の上には東急病院ができた。田園調布駅も変わり、駅の上には商業施設ができた。古い駅舎は保存されている。多摩川駅も変わった。

大井町線では上野毛駅がずいぶん変わった。こちらも安藤忠雄デザイン。地元の噂では、まず上野毛駅の建て替えがあり、それを気に入った東急の幹部が渋谷駅のデザインを依頼したのだというけれど、本当のところはどうなんだろう。安藤さんは上野毛駅のデザインをする前に環八尾山台にあるアウディの店舗を手がけている。

駅が変わると街が変わる。特に大岡山駅のように地下化されると、地上の風景がすっかり変わる。踏切がなくなり広場がつくられる。ベンチではのんびりひなたぼっこしている人もいれば、スマホで打ち合わせをしている人もいる。

東急沿線の人間関係

東急沿線に住む人びとの気質はおだやかだ。この本のテーマである「なぜ東急沿線に住みたがるのか」ということとも関係するが、40年住み続けてきたいちばんの理由はこれだと思う。商店街を歩いていても、ギスギスした感じがない。ご近所トラブルというものも滅多に聞かない。大声で子供を叱りつけている親も見かけない。引っ越してきた人に対して排他的な感じがない。

奥沢の奥澤神社、自由が丘の熊野神社、等々力の玉川神社など、氏神のお祭りは、下町ほどではないにしても、けっこう盛り上がる。そろいの法被で神輿を担ぐし、子供神輿も出る。しかし、小学校のときの人間関係がそのまま継続されているような感じはない。たとえば中高年になっても「ちゃん」づけで呼び合うような。先輩後輩の関係もほとんどない。

こう書いていて気がついたけれども、下町で感じるようなヤンキーくささがないのだ。かといって冷たいわけではない。近所の人と顔を合わせれば挨拶を交わすし、時間があれば立ち話もする。田舎からたくさん野菜が送られてきてと、おすそ分け的な交流もある。小さな子供のいる家庭では、いわゆるママ友づきあいもあるようだ。

これはぼくが18歳まで暮らした北海道とはずいぶん違う。北海道はもっとドライで、ご近所づきあいはほとんどなかった。親たちがご近所と何かをしているのを見た記憶がない。

この本ではあまり他の地域との比較ということをしたくないのだけれども、例外的にいくつか挙げる。『宝島』編集部にいたときのことだ。下町の実家から通っているアルバイトの女の子がいた。何代目かの江戸っ子だ。彼女が隣の町に引っ越した。すぐ近くなのだけど、近所のおじさんは「元気でやれよ」と泣きながら見送ってくれたという。

10年前から仕事場を置いていて、毎月10日間ほどを暮らしている京都の中心部では、もう少し微妙だ。べつに「イケズ」なことを経験したわけではないし、「ぶぶづけでもどうどすか」といわれたこともないけれども、隣近所のことは常に気にしている。木琴奏者でエッセイストの通崎睦美さんは「聞いていないようで聞いている、聞いているようで聞いていない」と評していたけれども、隣人の気配を感じつつも感じているということを感じさせないように暮らしている。ストレートにいって角を立てない。だから「そろそろ帰って」といわずに「ぶぶづけでも」なのだ。

東急沿線の場合は下町ほど濃密ではないし、京都ほど気を使うわけでもない。でもまったく無関心でもない。この「ほどほど」の距離感が快適なのだと思う。

第2章

東急線と東急線の駅のこと

東横線

東京と横浜を結ぶから東横線。以前は横浜の先、桜木町まで延びていたけれども、東桜線とはいわなかった。もっとも、始発駅は渋谷だから、それをいうなら渋桜線か。

東横線の渋谷駅がまだ地上にあったころがなつかしい。電車は渋谷を出発するとしばらくは明治通りと並行するように進んだ。眼下には童謡『春の小川』の渋谷川、といいたいけれども、林立するビルの陰になってよく見えない。映画『ラブ&ポップ』で女子高生たちがバシャバシャ歩いていましたね。並木橋のあたりで電車は右に大きく曲がり、こんどは八幡通りに沿って進んだ。電車はあっという間に代官山駅に着く。

渋谷駅と代官山駅のあいだはそんなに遠くなくて、ぼくはよく歩いた。明治通り―並木橋―八幡通りというルートを歩くときもあれば、並木橋までJRの線路に沿って歩くときもあった。桜丘から鶯谷を通って猿楽小学校の先から八幡通りに出るルートも好きだった。渋谷駅南口から青山通りを渡ったところにマックスロードという喫茶店があって、よく打ち合わせに使った。松本隆が名曲『風をあつめて』を書いたのはこの店だといわれる。桜丘のユーロスペースにもよく通った。しりあがり寿さんの事務所に行くとき、犬の糞を踏んづけてしまったのは苦い思い出。わりと最近までヤギを飼っているカフェがあった。というかカフェは健在で、ヤギが引退した。

八幡通りに同潤会アパートがあった。いまは代官山アドレスになっている。

代官山

建築家の宮脇檀さんが代官山のマンションに住んでいた。何度かおじゃまして取材した。マンションは以前の東横線から見えるところにあった。

宮脇さんの話はけっこう過激だった。たとえば、「都心に住みなさい」。美味しくて雰囲気のいい店は都心にある、都心で食事をしてお酒を飲んで、遠く離れた郊外まで帰るのは億劫だろう？　郊外に住んでいたんじゃ、女の子とデートもできやしない。だから都心に住みなさい。宮脇さんのいう「都心」というのは、東京23区内ぐらいの感じだったと思う。「集合住宅を借りる、あるいは購入するなら、夜、その物件を外から見なさい」ともいっていた。蛍光灯を使っている部屋が多いようなら、その物件はやめたほうがいい、と宮脇さんはいった。理由は「民度が低いから」。照明の質に無頓着で、隅々まで明るく照らせばいいと思っている人は教養がない。そういう人が多く住む物件はやがてスラム化するだろう、なんて。こうして文字にすると嫌味で鼻持ちならないのだけど、宮脇さんがユーモラスに語ると「ふむふむ」と頷いてしまう。

宮脇さんが住んでいたマンションは代官山駅と並木橋の中間ぐらいのところにあった。写真家の小暮徹さんとイラストレーターでファッションデザイナーで料理家のこぐれひでこさんのお宅はヒルサイドテラスの裏手というか青葉台のほうにあった。いちどだけおじゃましたことがある。

宮脇さんは亡くなったし、小暮夫妻も葉山に引っ越してしまったけれど、代官山・青葉台に住む写真家や作家、いわゆる「クリエイター」の人びとは多い。宮脇さんがいうように、都心で打ち合わせや食事をしても帰るのが億劫にならない。バブル以前の発想ですね、と若い人はいうかもしれないけど。

東横線に乗っていて、代官山駅で降りる人や乗ってくる人を見ると、みなさんおしゃれなのに感心する。身につけているのはたぶんそんなに高価なものではないが、組み合わせ方や着こなし方がうまい。代官山はアパレル店が多く、そういう方面の関係者なのだろうか。若いころのぼくなら「代官山なんて行くと、こんなビンボーでダサいオレはバカにされるにちがいない」と気後れしてしまったかもしれないが、ジジィになってしまうと他人からどう思われようと平気になってしまった。恐ろしいことだ。

一時期、デニムのパンツはハリウッドランチマーケットのものをはいていた。バンダナも好きでシーズンごとに買いに行っていた。

坂の多い街で、雑誌の撮影にもよく使われる。ぼくも編集者・ライターとしてたびたび使ってきた。早朝の撮影が一段落して、西郷山公園の横のモンスーンカフェでスタッフとお茶を飲んでいたら別の雑誌の撮影隊&俳優と遭遇する、なんていうこともあった。坂といえば、運転免許を取るとき路上教習のコースのひとつだった。坂道発進がへたくそで旧山手通りの裏の坂で特訓を受けた。

昔、代官山駅前に文鳥堂ページワンという小さな書店があった。飯田橋や四谷や赤坂にあった文鳥堂からのれん分けした店で、文芸書や人文書を中心に素晴らしい品ぞろえだった。ページワンが閉店してしばらくしてから代官山蔦屋書店ができた。蔦屋書店は駅から少し歩くので、といっても300メートルぐらいだと思うけど、できる前は「はたして行く人はいるのかな」と危惧したけれども、オープン以来大盛況で代官山駅の乗降客数も増えたそうだ。しかも大盛況が長く続く。客の多くは本を買うよりもカフェが目当てで、店内のあちこちにある椅子はまるで椅子取りゲーム状態なのだけど。この代官山店の成功に気を良くしたカルチュア・コンビニエンス・クラブは事業の主軸を映像・音楽のレンタルやセルから出版と書店に移していく。

東横線は渋谷から代官山駅の手前までが地下で、代官山駅は半地下。代官山駅を出ると高架になる。「出たぞ!」という気分になる。ぼくは車窓からの眺めが好きなのに加え、ちょっと閉所恐怖症ぎみなところがあるので、地下よりも地上のほうが断然好きなのだ。

中目黒

日比谷線と東横線の相互乗り入れがなくなって、自由が丘から六本木方面に出かけるときはちょっと不便になった。実際それは「ちょっと」のことで、中目黒で同じホームの向かい側に数歩移動するだけなのだけど気分としては大きい。

桜の季節、ホームから見下ろす目黒川両岸はみごとだ。

中目黒の人気が高くなったのはわりと最近のことだと思う。雑誌『宝島』の編集部にいた1990年代のはじめ、レイアウトをお願いしているデザイナーの事務所が中目黒にあって、ときどき夜遅くに原稿や写真を抱えて行った。そのころは山手通りも静かだった。

松浦弥太郎さんの古書店、カウブックスが目黒川沿いに開店したのはいつだったろう。カ

東横線中目黒駅付近

ウブックスで古本を見たり、その対岸にあるボタン店でボタンを買ったりするのが好きだった。いつのまにかしゃれた飲食店が増え、若い人も増えた。山手通り沿いだけでなく、目黒川沿いには小さな洋服店が並ぶようになった。カステラの福砂屋の工場を見つけたときは驚いた。東京で売っている福砂屋のカステラは長崎で作っていると思っていたのに。

駒沢通り沿いに目黒区役所（目黒区総合庁舎）がある。何年か前に祐天寺から移ってきた。その前は千代田生命保険の本社があった。庁舎は村野藤吾の設計で昭和の名建築。茶庭や茶室もある。茶室は裏千家の茶室である又隠を写したもの。庁舎のエントランスやらせん階段、屋上庭園を使って結婚式を挙げることもできる。

いろんな店が集まっているのは駅の周辺と山手通り沿い、目黒川両岸だけで、そこから一歩入ると静かな住宅街が広がる。

中目黒には面白い書店が集まっている。ホームからも見えるのが中目黒ブックセンター。山手通りを渡ったガード下に蔦屋書店。ここは料理本に力を入れている。山手通りをちょっとだけ目黒方向に行くと「街の本屋」の雰囲気を残す新高堂書店。山手通りの1本裏に古書店のデッサン。名前からもわかるように、アート、デザイン、建築を中心にした古書店だ。ぼくは代官山蔦屋書店↓カウブックス↓中目黒蔦屋書店↓新高堂書店↓中目黒ブックセンター→デッサンの順番で覗いて回るのが好きだ。

祐天寺

目黒区役所が中目黒に移転してから祐天寺駅界隈は少し寂しくなった。移転前は区役所なんて滅多に行くところじゃないから大して影響はないだろうと高をくくっていたのだけれど、移転とバブル崩壊・長期不況が重なったからか人通りが減った。そのぶん家賃が下がったのかどうか知らないが、最近、古着屋が増えている。

祐天寺駅前には王様書房がある。店主の柴崎さんは日本書店組合連合会の副理事長もつとめていて出版界の論客として知られる。以前はガード下に芳林堂書店があったけれど、しばらく前になくなってしまった。

駒沢通り沿いに祐天寺。浄土宗のお寺。駅の名前になっているだけあって、立派な伽藍だ。ほかに東急沿線でお寺が駅名になっている街としては妙蓮寺と九品仏と不動前がある。池上本門寺は日蓮宗の大本山で大きな伽藍を持つけれども、最寄り駅は「本門寺」ではなくたんに「池上」というのがちょっと謎。東急世田谷線の豪徳寺そばの駅は「宮の坂」、小田急線豪徳寺駅のすぐそばにあるのは「山下」。松陰神社から少し離れているけれども「松陰神社前」。世田谷線の三軒茶屋から1つめの駅が西太子堂。「太子堂」という地名の由来となった円泉寺からはけっこう距離がある。太子堂八幡神社のほうが近い。

中央線の高円寺や吉祥寺、国分寺もそうだけど、お寺の名前がついた駅のある街というのは、なんとなくいいものである。

祐天寺駅の両側に静かな住宅街が広がる。雰囲気のいい、住み心地のよさそうな、落ち着いた街だ。

東横線は中目黒から自由が丘までは高架。東横線を斜めに横切るように駒沢通りが延びる。いや、駒沢通りがまずあって、そこに東横線がつくられたというのが正しいのだろうけど。都心から自由が丘方面へクルマを運転して帰るとき、目黒通りや国道246号よりも駒沢通りの方がオススメですよ、と教えてくれたのはあるカメラマンだった。彼がいうには目黒通りや246は、少しでも前に出ようとするクルマが車線変更を繰り返すし、路上駐車も多いので、不愉快な気分になることが多いということだった。駒沢通りは片側1車線なのでそのストレスは少ない。ぼくも駒沢通りを運転するのは好きだった。過去形なのは、最近、クルマを手放したから。たぶんもう都内ではひとりで運転することもないだろう。

学芸大学

昔、東京学芸大学があった街。学芸大学という住所はない。住所では鷹番、中央町、五本木、碑文谷。学芸大が小金井に移転したのは１９６４年だからはるか昔のことだけど、附属高校の最寄り駅は学芸大学駅だからまあいいか。隣の都立大学駅に東京都立大学はない。駒沢大学駅の近くにあり続ける駒澤大学は偉いなあ。

最近、学芸大学駅付近を歩くたびに「昔からこんなににぎやかだったっけ?」と思う。駅前商店街はいつもにぎわっている。ぼくは駅前の恭文堂書店が目的で行くことが多い。

マッターホーンという洋菓子店がある。ぼくはここのバウムクーヘンが大好きで、ときどき買いに行く。ところが3年ぐらい前から人気が高まり、滅多に買えなくなってしまった。売り切れていることが多い。一度なんかずっと並んでやっと順番が来たと思ったら、ぼくの前の人がたくさん買って売り切れてしまった。残念だった。電話で取り置きもできないので、売り切れていないときはとりあえず並ぶしかない。

東横線の高架に沿って環七方向に5分ほど歩くと碑文谷公園がある。以前、バラバラ殺人事件があった場所。ここの池に遺体が投げ入れられていたのだ。小さな神社もあっていい感じの公園なのに。ひでえことをしやがる、と腹が立つ。公園の横に動物ふれあいコーナーがあって、ヤギやモルモットがいる。子供はポニーに乗れる。大人は膝の上にモルモットを乗せることができる。モルモットの毛は意外と硬い。

目黒通りの大鳥神社から碑文谷あたりまで、中古家具店が点在している。以前は等々力あたりまでポツポツとあったけれども、リーマンショックのころから減り始めて、だいぶ少なくなってしまった。ビンテージとかアンティークというほど古くはないけど、単なる中古品というよりもちょっと味のある家具を扱う店が多い。中古家具店は同じものがめったにないので、冷やかして歩くのは楽しい。

中古家具や骨董、古着を買う、あるいは生活に取り入れるということが定着したのはいつごろだろうか。ぼくが子供だった半世紀前は、新品を買えない人がしかたなく買うのが中古品だった。古本に中古カメラ。古道具屋のオヤジさんも「まだまだ新品同様に使えるよ」なんていって売ろうとしていた。それがいまは「ちょっと珍しいでしょう?」なんていう。古いことが価値を持ち、珍しいことを楽しむようになった。もちろんバブル崩壊後、不況が長引き、収入は増えず、使えるお金が減ったので古着や中古家具を買うという側面もあるだろう。1990年に登場したブックオフはあっという間に全国に広がった。でも、新しいものがいい、新しければいい、という価値観が変わったのも事実だと思う。それを成熟と呼んでもいいのではないか。ならば中古家具店が減っているのはどういうことなのか。ニトリなど安い新品家具が席巻しているからか。そういえば山手通りと駒沢通りの角にあったバルス・トーキョーはフランフランの旗艦店的な店だったけれど、いつのまにか撤退して跡地はニトリになった。目黒通りの目黒消防署のとなりにもニトリができた。

学芸大学駅と都立大学駅の中間ぐらい、目黒通り沿いにイオンスタイル碑文谷がある。以前はダイエーの旗艦店があった。ぼくが西武百貨店系の洋書の輸入販売会社に入社した１９８０年代のはじめは、ダイエーと西武百貨店は就活生に人気の企業だった。ダイエーは内定するとハワイで研修という噂だった。大岡山に住んでいたぼくは碑文谷のダイエーにもときどき行っていた。売場の店員たちを見て「この人たちは超難関を突破して入社して、ハワイで研修したのだろうか」と思った。その後、西武百貨店もダイエーも落ち目になり、ぼくが働いていた会社はなくなったし、いつのまにか碑文谷のダイエーはイオンスタイルになってしまった。栄枯盛衰、おごれるものは久しからず。数年前から『平家物語』がぼくの愛読書で、原文や現代語訳やいろんなバージョンで読んでいるのだけれども、ビジネスの世界はまさにそうですね。

イオンスタイル碑文谷の裏を少し東に行くときれいな教会がある。カトリック碑文谷教

会、通称サレジオ教会。サレジオ修道会の教会だ。建物は1954年にできたというから
それほど古くはないが、見た目がいいね。それと松田聖子と神田正輝の結婚式が行われた
ことでも知られる。山口百恵・三浦友和の霊南坂教会に次いで有名かもしれない。松田聖
子・神田正輝がカトリック信者、山口百恵・三浦友和がプロテスタント信者だとは知りま
せんでしたね。

都立大学

大学はないのに名前に大学とついた駅が2つ続く。都立大学という地名もない。町名で
は八雲、柿の木坂、平町、中根。1990年代まで八雲に東京都立大学があった。その後、
都立大学は八王子市に移転し、都立科学技術大学などを再編・統合して首都大学東京とな
り、さらには東京都立大学に再改称するなど変転。首都大学東京への改組改称は石原慎太
郎都知事が強引にすすめたが、その過程で反対する著名な教授がどんどん他大学に流出。
都知事が小池百合子に替わると再改称したわけで、すっかり政治に翻弄された。学生たち
が気の毒だ。大学が移転して街はずいぶん変わった。

駅は呑川近くの少し低くなったところにある。駅から目黒通りを渡って駒沢通りまで柿

の木坂通りを上がっていくと、豪邸が増えてくる。標高の高さとお屋敷の広さが比例している。文化人や芸能人、政治家も住んでいるらしい。

以前おじゃました自動車評論家の小林彰太郎さんのお屋敷も八雲だった。小林さんは自動車評論の草分け的存在で、ぼくがお話をうかがったときはすでに酸素ボンベを手放せない状態だったが、それを「ターボチャージャーをつけたのでパワーはアップしましたよ」と語っていた。小林さんは歯磨きのライオン創業者の御曹司だったが、会社を継がずに自動車評論家になった。名車ブガッティのあるガレージを横目で見ながら、柿の木坂や八雲の邸宅というのはこういう感じなのかと思った。こういう感じってどういう感じといわれてもうまくことばにできないけれど、ひと言でいうと余裕ですかね。これ見よがしのお金持ち感もないし、威圧感もない。上品でシンプルで全体がまとまっている。「ギラギラ」とか「ピカピカ」とは正反対で、でも書画骨董を並べた数寄屋趣味とも違う世界だ。

自由が丘

都立大学を出た電車は自由が丘に向かって高架から地上へと下りていき、自由通りの踏切をすぎると再び高架になる。車窓から見ていてこの変化が楽しい。電車が進む方角も、代官山の手前から自由が丘の手前まで南西だったのが、自由が丘駅のあたりから大きな弧を描くようにカーブして真南へと変わっていく。

自由が丘駅の東横線ホームで電車を待っていると、ラーメンのにおいがしてくる。自由が丘駅の周辺にはラーメン屋が多いのだ。「スイーツ」と「生活雑貨」の街を期待してやってきた人たちが最初に受ける洗礼はラーメンのにおいだから、ちょっと戸惑うかもしれない。

自由が丘駅は1階が大井町線の、2階が東横線のホーム。目蒲線が目黒線と東急多摩川線になり、目黒線は田園調布駅から日吉駅まで東横線と並行して走るようになった。自由が丘駅で大井町線に乗り換えていた人が武蔵小杉駅や田園調布駅に分散されてラッシュ時の自由が丘駅の混雑が緩和されるかなと期待していたのだけど、やっぱりラッシュ時は人が多い。

中目黒から自由が丘までは単身者向けの集合住宅も多い。

田園調布

ぼくは長いあいだ、世田谷区と大田区の境界は環八だと思っていた。あるとき環八の外側を散歩していて、住居表示が世田谷区玉川田園調布となっているのに気づいた。「環八の向こうは大田区」と思い込んでいたので驚いた。先入観とは恐ろしいものだ。

星セント・ルイスの「田園調布に家が建つ」が指す田園調布は、たぶん大田区田園調布3丁目のことだと思う。3丁目は豪邸が多く、ぼくら庶民が住むのは難しそうだ。豪邸のクルマは意外や国産の地味なセダンが多い。もちろんベンツやBMWもよく見かけるけれども、たとえば隣接する奥沢・尾山台・等々力あたりに比べると比率は下がる。フロントマスクがいかついSUVの比率も低い。散歩をしていても、路上人口密度が低いというか、あまり人を見かけないのだが、みなさんお召しになっているものはごく普通。スーパーマーケットの田園（ナショナル田園）やプレッセの客を見ていても、たしかに上質そうではあるけれどもこれ見よがしの高級品を着ている人は少ない。ほんとうのお金持ちというのは、見せびらかしのための消費はしないのだなあ、と感じる。

3丁目以外の田園調布には集合住宅もけっこうあるし、狭小敷地の戸建て住宅も少なくない。そういえば30年ぐらい前に定期借地権による集合住宅が話題になったことがある。そのとき環八沿いに建つ田園調布のマンションを取材した。デベロッパーの広報担当者に「田園調布でこの値段は破格ですね」と勢い込んで聞くと、相手は意外に醒めていて、「あくまで定期借地ですから、こんなもんですよ」といっていて拍子抜けしたのを覚えている。「おトクですよ、買いませんか」といわれるんじゃないかと思ったのに。いまもそのマンションの前を通ると思い出す。

多摩川

多摩川駅は多摩川台公園とせせらぎ公園に挟まれたところにある。谷底を宝来公園通りが浅間神社の下まで延びる。丘の上は豪邸が並ぶ。この駅の周辺も集合住宅は少ない。多摩川の河畔も含めると公園が多く緑が豊かで魅力的な場所。自然が好きな人にはおすすめだ。

田園都市線

渋谷と中央林間をつなぐ田園都市線。つい最近（2000年8月）まで渋谷―二子玉川駅間は新玉川線と呼ばれていた。「新」というぐらいだから旧い玉川線もかつてはあって、それは渋谷から二子玉川まで走るチンチン電車だった。通称、玉電。1907（明治40）年に開業して1969（昭和44）年に廃止されたそうだ。ぼくは当時の東京を知らない。玉電は国道246号の真ん中を走っていた。廃止された理由はクルマの交通量が増えたから。開業当初は玉川電気鉄道という会社が運営していて、38年に東急（そのころはまだ東京横浜電鉄という名前）に合併された。三軒茶屋から下高井戸まで走る世田谷線はもともと玉電の支線だったそうだ。世田谷線はいまの東急で唯一のチンチン電車で、住宅街のなかを建物スレスレに走るところや、若林で環七と交差するところが好きだ。

廃止された玉電の代わりにできたのが新玉川線。新玉川線の開通は77年4月で、玉電の廃止から8年のブランクがある。この8年間は代替バスが走っていたというから、沿線の人びとにとって新玉川線の開通は大きな喜びであると同時に環境が激変する大事件だっただろう。77年はぼくが上京した年で、たぶん当時は新聞やラジオでもいろいろ報道された

国道246号を走る玉川線（玉電）、1969年

のだろうけどまったく記憶にない。「NETテレビ」が「テレビ朝日」に改称する（77年4月）というキャンペーンは覚えているのに。

調べてみると田園都市線の歴史はけっこう複雑で、まず二子玉川と溝の口のあいだを玉川電気鉄道溝ノ口線というのが1927（昭和2）年に開業して、それが大井町線に編入されて田園都市線に改称。そして溝の口から先が少しずつ延びていって84年に中央林間まで全線開業した。

梶が谷から中央林間あたりまでが多摩田園都市で、東急が中心になって開発した。田園都市というのはイギリスの社会改良家エベネーザー・ハワードが提唱したアイデアで、その影響を受けた渋沢栄一が田園都市株式会社を設立。洗足田園都市をつくり、その理念を継承したのが多摩田園都市だ。もっとも、ハワードが考えたのは郊外に良好な小都市をつくり職住近接のコミュニティを育てることだったけれども、現在の多摩田園都市は東京の都心に通勤・通学する人のためのベッドタウンといっていいだろう。

ハワードや渋沢の理想にどこまで沿っているかはともかく、東急の多摩田園都市開発は大成功した。田園都市線沿線の街の人気は高く、電車はいつも混んでいる。この本のお題は「なぜ東急沿線に住みたがるのか」だけど、もしかしたら「なぜ東急田園都市線沿線に住みたがるのか」なのかもしれない。ぼくは「東急といえば東横線」だけど、若い世代には「東急といえば田園都市線」なのかな。

田園都市線は東京メトロの半蔵門線に乗り入れていて、使い慣れるとかなり便利だ。阿部和重さんの長編小説『ブラック・チェンバー・ミュージック』の主人公は三軒茶屋に住んでいて、ヤクザからの依頼で北朝鮮から密航してきた女スパイ（ただし素人）とともにヒッチコックについての論文を神保町の古書店で探すというのだが、田園都市線三軒茶屋駅および田園都市線が重要な役割を果たす。

そういえば、阿部さんには何度かインタビューしたことがあるけれども、いちばん最初は渋谷のマックスロードで、その次が三宿のカフェ、その次が二子玉川の多摩川べりのカフェ、その次が奥沢駅近くのカフェでと、気がつけばいつも東急沿線だった。川上未映子さんの『夏物語』にも東急沿線の街が出てくる。

田園都市線の欠点は混雑だと思う。逆にいうと、それだけ多摩田園都市の人気が高いということであり、東急による開発が成功したということでもある。

金妻と田園都市

田園都市線のイメージを決定づけたのはテレビドラマ『金曜日の妻たちへ』かもしれない。略して『金妻』。脚本は鎌田敏夫。1983年にTBS系列で放送された——と書いて気づいたけれど、もう39年も前のドラマなのだ。若い人はご存じないでしょうね。

田園都市に住む3組の夫婦が主人公。6人とも30代なかばから40代前半の、つまり団塊の世代だ。3組のうち2組はつくし野に、1組はたまプラーザに住んでいる。演じたのは古谷一行・いしだあゆみ、小川知子・竜雷太、泉谷しげる・佐藤友美。たとえば古谷一行演じる中原宏は山口県出身で大手商社勤務。海外勤務の経験もある。いしだあゆみ演じる中原久子は大阪出身で宏と社内結婚。夫婦は団地に住んでいたが、つくし野のテラスハウスを購入、という設定。3組とも階層的には中の上くらい。いや、格差拡大が進む現在から見ると上の下ぐらいといったほうがいいかもしれない。

ドラマとしての重要なポイントは「不倫」で、当時も不倫ドラマとして話題になった。そういえばぼくの友だち2人（ともに女性）が渋谷を歩いていたら、「金妻しませんか」と声を掛けられたといっていた。2人とも20代なかばだったのだから、ずいぶんと失礼な話ではあるけれども。

いま思うと、ぼくらがあのドラマで興味をもって見ていたのは、既婚者たちの恋愛がどうなるかではなく、3組の夫婦の暮らしぶりではなかったかと思う。ローンの返済は大変だし、育児もあるし、夫婦関係の安定的な持続というのもたやすいことではない。でも、郊外のニュータウンの暮らしは優雅だ。誰でも簡単に手に入るわけではないけれども、ちょっとした努力と幸運があれば可能かも……と思わせた。背伸びすれば手が届くところにある夢が田園都市の暮らしだった。大田区田園調布3丁目の大豪邸は実現可能性ゼロだけど、神奈川県の多摩田園都市なら50パーセントぐらい、いや70パーセントぐらいの可能性があるんじゃないかと思った。

ちょうど日本経済はバブルに向かっていくときだった。株や不動産が急騰するのが86年暮れごろからで、日経平均が3万8957円44銭をつけるのが89年12月29日の大納会。ただし85年にはプラザ合意と円高不況があったから一直線に右肩上がりではなかったのだけど、明るい未来があると漠然と感じていた。

『金妻』第1作は83年2月から5月まで全14回放送。翌84年7月からは『金曜日の妻たちへII男たちよ、元気かい?』が放送される。ただしこれは第1作の続編ではなく、舞台は中央林間。主人公たちが利用するのも小田急。キャスティングは第1作と一部重なるが、役柄はまったく違う。そして第3作、『金曜日の妻たちへⅢ恋に落ちて』が85年8月から12月まで全14回で放送される。視聴率は3作のなかでいちばん高く、小林明子の主題歌『恋に落ちて—Fall in love—』も大ヒットした。舞台はふたたびつくし野に戻り、主人公たちが使うのも田園都市線。第1作が3組の夫婦の交流を中心に描いていたのに対して、第3作は仙台のお嬢様学校で幼稚園から短大まで同級生だったという女性4人の交流が軸。副題の通り、前年に日本でも公開されたロバート・デ・ニーロとメリル・ストリープ出演の映画『恋に落ちて』へのオマージュ的シーンもある。第1作のテーマが田園都市の暮らしだったとすると、第3作はもうすぐアラフォーになる女性の恋と渇きという感じか。

脱線するけど、映画『恋に落ちて』は書物と生活という観点からも面白い映画で、ぼくは大学の授業で資料に使った。デ・ニーロとメリル・ストリープが出会うのはクリスマス・イブ、ニューヨークの大型書店リッツォーリ（と洋書店勤務時代のクセでぼくはこう呼んでしまうけれども、アメリカだと「リゾーリ」ですね）。ふたりはそれぞれ妻／夫にプレゼントする本を選んでいる。彼らが選ぶのは大型の写真本で、デ・ニーロは園芸についての本を、メリル・ストリープはヨットについての本を選ぶ。どちらも配偶者が関心を持っている本だ。アメリカではコーヒーテーブルブックと呼ばれる大型のビジュアル・

ブックの出版が盛んだ。美術、工芸、建築、デザインやさまざまなジャンルの趣味の本である。たとえば自動車についても豪華で美しい本が何種類も出ている。それをリビングのコーヒーテーブルに置いてインテリアにするだけでなく、コーヒーや紅茶を飲みながら眺めたり、来客をもてなしたりする。クリスマスにこうした本を家族へのプレゼントとして購入する人びともある程度いる。デ・ニーロとメリル・ストリープは書店の出口でぶつかってしまい、互いの本が入れ替わってしまう。しばらくのちに通勤列車で2人は再会して恋に落ちてしまう。アメリカの書物文化が下敷きになったW不倫のお話ですね。

話を戻しますが、まあ、不倫も含めて、多摩田園都市には優雅でステキな暮らしが待っているのだなあ、とドラマ『金妻』を見て思った人も多いだろう。

田園都市線は渋谷から二子玉川までは地下を走る。車窓からの風景が楽しみなぼくにとっては退屈な区間。もっとも、地上は国道246号、通称「にーよんろく」が走っていて、さらにその上には首都高速3号渋谷線が走っているという状態だから〈輪切りにすると上から〈車・車と自転車と人・電車〉という3層になっている〉、地下に潜らせるしかなかったんだろうけど。高速道路の下を懸垂させてモノレールみたいになっていたら面白かったのに。阿部和重さんの『ブラック・チェンバー・ミュージック』の、主人公の横口とハナコが追っ手を逃れて三軒茶屋駅から田園都市線に乗るシーンも、地下だからこそ陰鬱さや緊迫感が出るのだとは思うけれども。

池尻大橋

渋谷から1つめが池尻大橋駅。目黒区大橋と世田谷区池尻の中間にあるから池尻大橋。北に行けば井の頭線の駒場東大前駅が、南東に行けば東横線・日比谷線の中目黒駅がある。ただし駒場東大前駅に行くにはちょっと道が複雑だ。「池尻大橋駅」を略して「大橋」といったりもするけれども、池尻と大橋は別の街で、大橋というと駒場の隣の街のことだから、略さずに「池尻大橋」といったほうがいいと思う。

三宿は池尻大橋駅が近いのか三軒茶屋駅が近いのかやや微妙なところ。しばらく前におしゃれな街として注目された時期があった。若いミュージシャンや俳優、モデルがよく訪れる（あるいは住んでいる）街としても知られる。実際、世田谷公園近くのカフェで取材をしているとき、少し離れたテーブルでミュージシャンがコーヒーを飲んでいるのを目撃したこともある。

世田谷公園そばのパン屋、シニフィアンシニフィエは人気店。店主はソシュールの研究をしていたのだろうか（六本木のパン屋、ブリコラージュの店主はレヴィ＝ストロースの研究をしていたのだろうか）。

三軒茶屋

略して「三茶（さんちゃ）」。むかしむかし、3軒の茶屋があったそうだ。飲食店がたくさんあり、若者も多く住む街。田園都市線の都内部分では二子玉川とともにもっともにぎやかな街。20年近く前、ヒサモト洋菓子店という、タルトのすごくおいしい店があった。店主が病気で亡くなり閉店してしまった。今もときどき食べたくなる。

地上27階建てのキャロットタワーがそびえる。キャロットタワーは東横線の車窓からも見える。名前の通り、にんじんみたい。タワー内には区の行政窓口や文化情報センター、劇場「世田谷パブリックシアター」などが入っている。キャロットタワーの下に世田谷線三軒茶屋駅がある。

一昔前までは新刊書店もいくつかあったが、リブロも文教堂書店も閉店して、いまはキャロットタワーのTSUTAYAぐらいしかない。古書店も減ってしまった。世田谷線西太子堂駅近くには猫たちもいる猫の本の専門店キャッツ・ミャウ・ブックスがある。

駅の周辺は新旧・大小さまざまな建物が密集している。小さな個人商店もあればチェーン店もある。このごちゃごちゃした感じが三茶の魅力。２４６（にーよんろく）は交通量が多く、その上を首都高３号線が覆い被さる。さらに高層のキャロットタワー。密度が濃い街だ。この密度とにぎやかさを「活気がある」とポジティブにとらえるか、「騒々しくて落ち着かない」ととらえるかは個人の好みによる。若い人はお好きでしょうなあ（と老人のつぶやき）。ぼくは月に１回、夜に渋谷でラジオの仕事がある。放送局まで行くのは電車と徒歩だけど、帰りはタクシー。深夜の２４６を走っていると、三軒茶屋駅周辺だけが店舗の看板や照明で明るく、人もたくさん歩いている。田園都市線の不夜城。

キャロットタワーと西太子堂駅のあいだに目青不動がある。目黒不動（目黒線の不動前駅近く）、目白不動（ＪＲ山手線目白駅からはちょっと遠くて、都電荒川線の学習院下停留所か東京メトロ副都心線の雑司が谷駅の近く）、目赤不動（東京メトロ南北線の本駒込駅近く）、目黄不動（東京メトロ日比谷線の三ノ輪駅近く。なお、都内にはほかにも目黄不動と呼ばれるお不動さんがある）とともに江戸五色不動のひとつ。境内は静かでいい感じ。

茶沢通りを北上して、淡島通りや梅ヶ丘通りを越えると下北沢に行き着く。っていうか三軒茶屋の「茶」と下北沢の「沢」だから茶沢通りなのであたりまえだけど。この通りはなんとなく好きですね。

駒沢大学

駒沢大学駅は２４６と自由通りの交差点にある。むかしは「真中（まなか）の交差点」と呼ばれていた。渋谷と二子玉川の真ん中だから「真中」。交差点の名前もバス停も「駒沢大学駅前」に改称されたが、いまもスーパーのマルエツは「真中店」を名乗る。でも駒沢の街の中心は駅より少し西に10分ぐらい歩いた駒沢公園通りと２４６の交差点付近で、駒澤大学もこちらのほうが近い。ならば真中の交差点じゃなくてこっちに駅を作ればよかったのにと思うのはぼくだけではないようで、当時は訴訟にもなったらしい。

駒沢には駒澤大学（「澤」の字が違う）と駒沢公園、そして東京医療センターがある。東京医療センターはしばらく前まで国立東京第二病院といっていた。オリンピック公園と医療センターのあいだに自由通り。夜は静か、というか静かすぎて怖い。

駒沢や隣の深沢、それからぼくが住んでいる奥沢など、このあたりには「沢」のつくところが多いけれども、水害の話は聞いたことがない。

桜新町

田園都市線の線路は駒沢公園通りあたりまでは２４６の下を走っていたのに、桜新町の手前で２４６から離れて北側に膨らむようにカーブする。また、首都高３号線は用賀１丁目で２４６と離れて北西にカーブし、砧公園の南で東名高速の東京インターチェンジにつながる。渋谷からここまで３人仲良く走ってきたのに、みんなバラバラになる。桜新町と用賀になにがあったのか。首都高は東名東京インターチェンジとの都合があるだろうけど、田園都市線はそのまま２４６の下を進めばいいんじゃないの、どうせ二子玉川で一緒になるんだから、と素人的には思うのだけど、いろいろ複雑な事情があるのかもしれない。いや、そんな複雑な事情ではなく、田園都市線は２４６のベースになっている大山街道をなぞったからなのかもしれない。

桜新町はサザエさんの街である。２４６の近くに長谷川町子美術館があり、駅から美術館までの道はサザエさん通りと呼ばれている。

駅の南側、長谷川町子美術館がある側は、大正の初めに「新町住宅地」として整備・分譲されたエリア。世田谷区のサイトによると、開発の主体となった東京信託株式会社が、農地だった深沢と下野毛飛地の山林約23万平方メートルを買収して宅地造成、１９１３

（大正2）年より新町住宅地として分譲をはじめたという。1区画あたりの平均面積は、全体で274・5坪、環状道路（というのがどれなのかよくわからないけれども）の内側と南側は平均416坪だったという。日本橋などのリッチな商人が別荘として購入することが多く、次いで、軍人や実業家たちが買ったそうだ。昭和に入るとサラリーマンや芸術家の入居が急増。住宅地として完成したのは1940（昭和15）年ごろで、分譲開始から約30年後だったという。

その名残なのか、桜新町駅のある旧大山街道の南側、246とのあいだは道路が複雑に入り組み、行き止まりも多い。旧大山街道の北側と246の南側はわりと碁盤の目に近くなっている。

駅を出て北へ10分ほど歩くと世田谷区立中央図書館。世田谷区のセンター的な図書館で、規模も大きく蔵書数も多い。もう少し便利なところにあればいいのになあと思う。OPAC（オンライン蔵書目録）が使いやすくなった最近は、自宅のパソコンで蔵書検索して近所の奥沢図書館に取り寄せて借りることが多くなったけれども、やっぱり目的もなく本の背表紙を眺めながら本棚の前をうろうろするという時間も好きなので。

用賀

用賀駅は地下にあるが、直結する世田谷ビジネススクエアのタワーが28階建てで、遠くからもよく見える。奥沢の自宅から馬事公苑や砧公園のあたりまで自転車で出かけ、住宅街の中をのんびり走っているときも、ビジネススクエアを目印にすれば方向を間違えることがない。景観とのバランスは大前提だけど、ランドマークとなるものは都市の設計に重要だと思う。

ビジネススクエアはタワーを含めて8つの建物とそれをつなぐ広場やテラスで構成されている。ちょっと近未来っぽい空間だが、竣工は1993（平成5）年だからもう30年近くにもなるのだ。その2年前には砧の環八沿いに隈研吾さんによるM2ビルが登場した。こちらは用賀よりも小田急線の千歳船橋駅のほうが近いが、ひとこと触れておきたい。ビジネススクエアのデザインはモダニズムの流れで、M2はポストモダンの典型だと思うが、いま振り返るとどちらもバブル期の日本の表象だ。M2はもともとマツダのためにつくられ、Mはマツダの頭文字。マツダの商品企画会社やディーラーのショールームのほか、レストラン、洋書店なども入っていた。その後、バブルが崩壊し、2002年、マツダはM2を売却。購入したのは冠婚葬祭サービス（というか葬儀場）のメモリード。頭文字は同じ。メモリードは偉いなと思ったのは、外観には一切手を加えなかったこと。そして、メモリードによるリニューアルオープンには隈研吾さんも立ち会ったと誰かから聞いて、ぼくは隈さんを見直した（という言い方は上から目線でなんですが）。Ｍ２は毀誉褒貶というか、建築界からはバッシングの嵐だった。ポストモダンの悪乗りだというのだ。マツダがＭ２を手放したときは、「ざまあみろ」的な感じでいう人もけっこういた。建築家としては悔しい思いだったろう。でも隈さんはうなだれることなくリニューアルオープンのセレモニーに出た（らしい）。ぼくはそこに隈さんの誠実さを見た。

砧公園と世田谷美術館の最寄り駅でもあるが、美術館までは歩くと15分ぐらいかかる。バスは１時間に１～２本と少ない。クルマを持っていたときは、東名高速下の来館者専用駐車場にクルマを入れて、砧公園のなかを横切って美術館に行っていた。

クルマで等々力や奥沢から杉並・練馬のほうに出かけるときは、環八の渋滞を避けて用賀中町通りを使うことがあった。まあ、環八がこんでいるときは用賀中町通りもこんでいるんですけどね。クルマの窓から眺めながら用賀の住宅街も住み心地がよさそうだなあと感じた。

二子玉川へ

ときどき思うのだけれども、環八と同じようなルートで電車が通っていたらいいのに。都心から放射状に延びる路線はいくつもあるが、南北あるいは弧を描く路線は少ない。山手線の外側はいきなり南武線と横浜線になってしまう。南武線と山手線のあいだにもう1本あれば、東京という都市もずいぶん違っていただろう。たとえば荻窪から上野毛まで。途中、高井戸で井の頭線と、八幡山と芦花公園のあいだで京王線と、千歳船橋と祖師ヶ谷大蔵のあいだで小田急線と乗り換え可能に。用賀と二子玉川のあいだの瀬田で田園都市線と、上野毛で大井町線に。上野毛から先は田園調布まで延ばしてそのまま東急多摩川線に乗り入れてもいい。荻窪から北も延ばそう。井荻で西武新宿線に、練馬高野台で西武池袋線に。成増と和光市のあいだで東武東上線に。

たぶん同じようなことを考えた人は昔からたくさんいただろう。友だちと「東京は縦の線が不便だよね」という話になったことが何度もある。縦の線というのは南北の路線のこと。鉄道が放射状ではなく碁盤の目状に、あるいは放射線と同心円を組み合わせるかたちで敷設されていたら、新宿や渋谷や池袋、東京（丸の内と八重洲）ばかりにオフィスや商業施設が集中することなく、通勤ラッシュも交通渋滞もこんなにひどくなかったんじゃないかと夢想する。

目黒線

東横線が東京メトロ副都心線と相互乗り入れして西武池袋線や東武東上線とつながったり、田園都市線が小田急江ノ島線の中央林間まで延びたりと、変化著しい東急線であるが、振り返ってみると、旧目蒲線の激変ぶりには驚く。ぼくが大岡山に住んでいた1980年代にはまったく予想していなかった。計画はあったのかもしれないけれど。なにしろ目黒線と東急多摩川線の2つに分離されてしまったし、目黒線は東京メトロ南北線・都営三田線とつながった。目黒駅だけでなく、武蔵小山駅も西小山駅も地下に潜った。目黒駅から大岡山駅まではほとんど地下で車窓から外を眺めるのが好きなぼくにとっては残念でならない。一応、不動前と洗足－大岡山間でちらりと外が見えるけど……。

目黒駅周辺のこと

出版界の片隅に生息するぼくにとって、目黒駅周辺の変化は身近なできごとである。ぼくは長いこと『アサヒ芸能』という週刊誌で書評の連載をしているのだけれど、発行元の徳間書店が東急目黒駅のすぐ近くに移ってきた。徳間書店がＴＳＵＴＡＹＡや蔦屋書店などを展開するカルチュア・コンビニエンス・クラブ（略称はＣＣＣ）の傘下に入ったのだ。ほかにＣＣＣグループ入りした出版社には『ニューズウィーク』や『フィガロ』『ｐｅｎ』などを出すＣＣＣメディアハウス（もとは阪急コミュニケーションズで、その前はＴＢＳブリタニカだった）、美術出版社、光村推古書院、主婦の友社、復刊ドットコムなどがある。

もうひとつはアマゾン。目黒雅叙園のとなりにアマゾンジャパンの本社が入るアルコタワー・アネックスがある。ぼくはホリプロを脇に見ながら行人坂を下るというルートしか知らなかったのだけど、あるときアマゾンジャパンの幹部の人に取材する用事ができて行きかたを聞くと、東急目黒駅の脇をちょっとだけ五反田方向に進んだ杉野学園（というか、ぼくぐらいの世代だとドレメのほうがなじんでいる）の前にアルコタワー・アネックスに続くエスカレーターができていたのだった。それに乗って降りていくとアマゾンジャパンで、子供のころテレビで放映されていたアメリカのＳＦドラマ『タイムトンネル』を思い出した。

ＣＣＣグループやアマゾンより前からあるのがマガジンハウスのスタジオ。これは庭園美術館や自然教育園のある白金のほう。もともとはマガジンハウスの社員寮があったところに撮影スタジオを建てた。ぼくもこのスタジオでインタビューしたりされたりしたことがある。

長いこと『ロッキン・オン』のアートディレクターをされていたデザイナーの大類信さんの仕事場はマガジンハウスのスタジオの近くだった。大類さんが主宰していた『SALE2（セールセカンド）』という雑誌があって、あるとき仕事場に行くと「こんどこの人が編集長をやることになったから」と若い女性を紹介された。それがのちに作家になる赤坂真理さんだった。

住む環境としての目黒駅周辺はどうなんだろう。亡くなった丸谷才一さんは日の丸自動車学校の近くにお住まいだった。いちどおじゃましたことがある。伝説の自販機本『Jam』や『HEAVEN』の編集長だった高杉弾さん（現在の肩書きは「メディアマン」）も目黒駅の近くにお住まいだった。

大類さんのオフィスは風がよく通る気持ちのいいところだったし、丸谷先生が住んでいらしたあたりもいい感じだ。

昔、雅叙園の近くに住んでいた知人は「朝、目黒川に沿って散歩していると、ココア工場のにおいがしてくるのよね」といっていた。いまはどうなんだろう。

不動前

不動前の駅名は目黒不動（瀧泉寺）があることから。目黒不動の創建は平安初期というから古い。関東最古の不動霊場で、千葉県の成田不動、熊本県の木原不動とならぶ日本の三大不動のひとつ。たいへんなご由緒にもかかわらず、不動前駅で降りてお不動さんにお参りするという人はあまり見かけない。ぼくは何度か参拝したことがあるけれども、いつも境内はひっそりしている。門前町ではあるけれども、抹香臭さや観光地っぽいところがないので、住み心地はよさそうだ。

もっとも、ぼくもわざわざお不動さんにお参りするために不動前に行ったわけではなく、紀伊國屋書店の本社に用事があってそのついでだった。紀伊國屋書店はおそらく日本でいちばん有名な書店だろうけど、その本社が目黒線不動前駅近くにあることはあまり知られていないのではないか。恵比寿の明治通り沿いから移ってきた。紀伊國屋書店のWeb部門はアマゾンの日本上陸よりも早かった。目黒―不動前は、実は日本のオンライン書店の中心地なのである。そういえば楽天ブックスの楽天本社は二子玉川だから、東急沿線はネット書店、電子書籍と相性がいいのかも。

不動前駅は桐ヶ谷斎場の最寄り駅でもある。ぼくもこれまで2度、行ったことがある。

1度目は同じ町内に住む人の葬儀だった。会社を定年退職されてまもなく癌で亡くなった。わが家のオープンハウスにも来てくれたのに。2度目は仕事でつきあいのあったイラストレーター。ぼくよりもかなり年下だった。自分より若い人が亡くなるのはショックが大きい。

考えてみると、ぼくは紀伊國屋書店本社に行くときと、斎場に行くときしか、不動前駅で降りたことがないのだった。

武蔵小山

武蔵小山駅周辺は「買い物の街」から「住む街」に変わった。大岡山に住んでいた20代のころ、よく武蔵小山で買い物をした。駅前から中原街道まで続く長いアーケードには安売り洋服店がたくさんあった。20代のころの服はほとんどこのパルム商店街で買っていたんじゃないかと思うほど。百貨店に勤めていたのに、百貨店のなかにはぼくの給料で買える服はほとんどなかった。

「住む街」に変わったのはタワーマンションができたから。あるとき東横線に乗っていて学芸大学あたりから遠くを眺めると高いビルが見えた。あれはなんだろうと考えて、武蔵小山にタワマンができたと誰かがいっていたのを思い出した。タワマンの登場に気づかなかったのは不動前から洗足まで目黒線が地下に潜ったからだ。武蔵小山駅も地下になった。久しぶりに武蔵小山駅前に立って見上げたときは、違う街に来たんじゃないかと思ったほどだ。パルム商店街に入ると昔と変わらぬ風情。ただし、個人商店が減ってチェーン店が増えたのは他の街と同様。

パルム商店街を抜けると中原街道。そこからちょっと左、五反田方面を見ると角にジャベルという中古自動車販売店がある。シトロエンの古いクルマを扱っている。ギャビン・ライアルの冒険小説『深夜プラス１』を読んで以来、ぼくはシトロエンＤＳが好きになって、ときどきジャベルを外から覗いていた。いつか欲しいと思っていたけれども、とうとうジジィになってしまった。若いうちに乗っておくんだった。

駅の近くには安くておいしい飲食店がたくさんある。タワマンができてもそこは変わらない。飲むのが大好きな人にはおすすめの街だ。

北側（小山台高校のあるほう）に10分ぐらい歩くと林試の森公園という広い公園もある。うーむ。目黒駅から急行で１駅、長い長い商店街に安くておいしい飲食店、広い公園、タワマンと、武蔵小山はおすすめポイントが多い。

西小山

武蔵小山は急行が停まるし、タワマンもできたので、このところ地価も家賃も上昇気味だという噂。ところがお隣の西小山は急行が停まらないぶん安くておトクという話も聞く。武蔵小山のように長いアーケード街はないけれど、駅のまわりには小売店・飲食店が集まっているし、武蔵小山に比べるとはるかに静かだ。

池上線や大井町線にも共通していえることだが、旧目蒲線は駅と駅のあいだの距離が短い。武蔵小山と西小山のあいだもほんのちょっと。急ぎ足なら10分ぐらいではないだろうか。目黒線が地下化して、その上が緑道になっている。武蔵小山で降りて西小山まで歩くのも苦にならない。

洗足

渋沢栄一の田園都市構想というとまず第一に田園調布が挙げられるが、いちばん最初に開発したのは洗足だった。「洗足田園都市」の分譲開始は1922（大正11）年というから、今年（2022年）で100年。洗足駅ができたのは1923年。1923年は関東大震災があったが、洗足田園都市の住宅は1戸も壊れなかったという。被害に遭った都心部の人たちが移住してきたことで、街は急速に発展したそうだ。

今上天皇が結婚したときは皇后の実家がこの街にあるということで、いろいろとにぎやかだった。ふだんは落ち着いた静かな街。

環七の「北千束五差路」交差点脇のいまドミノピザがある場所には以前、ミスタードーナツがあって、ぼくは20代のころ、徹夜明けにドーナツを食べに来たことが何度かある。

春になると駅に、洗足池の最寄り駅はここではない旨を記したポスターが貼られる。桜の名所でもある洗足池に近いのは池上線の洗足池駅なのだが、間違えて洗足駅や大井町線の北千束駅で降りてしまう人がけっこういるらしい。なお、洗足駅は「洗足」で北千束駅は「千束」なのはちょっと不思議。この界隈のマンションなど建物の名前も「洗足」と「千束」が混在している。

「洗足」というのは日蓮が洗足池で足を洗ったという故事からきていると聞いたことがある。池の畔、図書館の裏には日蓮が足を洗うときに脱いだ袈裟を掛けたという松もある。じゃあ、「千束」の由来は何だろう。

大岡山・奥沢・田園調布・多摩川

大岡山から多摩川にかけてのことはすでに書いたから省略。目黒線は大岡山駅の先から地上に出る。大岡山から緑が丘まで目黒線と大井町線は並行して走る。この区間のほとんどは東工大のキャンパス内。だが、緑が丘駅があるのは大井町線だけ。これは目蒲線のころから。なぜ目蒲線・目黒線に緑が丘駅がないのだろう。考えてみると不思議だ。駅をつくる場所がなかったのだろうか。緑が丘駅は高架になっていて、地上部分に目黒線の踏切がある。奥沢駅から緑が丘駅が見える。

線路は環八の下あたりで東横線と合流し（といってももちろん同じ線路を両線の電車が走るわけではないが）、田園調布から日吉まで東横線と併走する。日吉から先、横浜方面へ行くときや、逆に横浜方面から目黒方面に行くとき、併走区間のどこかで乗り換える。それぞれ各駅停車と急行などがあり、どの駅で乗り換えるといちばん早く目的地に着けるかがけっこう気になる。「乗換案内」などスマホのアプリが活躍する。

東急多摩川線

目蒲線の多摩川から蒲田のあいだが分離されて東急多摩川線になった。名前の通り、多摩川の脇を走る。多摩川駅から蒲田駅まで全部で7駅、営業距離は5・6キロしかない。駅と駅のあいだも短く、鵜の木駅と下丸子駅のあいだにいたってはわずか600メートル！　地方のバス停よりも間隔が短いかも。駅を間引きしてもいいんじゃない？　なんて声も聞こえてきそうだし、環八を挟んで池上線が走っているんだから、いっそのこと廃止しちゃったら？　なんていう人もいるかもしれない。赤字路線が次々と廃止されていく地方の人から見ると、夢みたいな鉄道インフラ状況かもしれない。でもわずか5・6キロでも独立した路線として走らせるのが東急のいいところだと思う。朝夕の通勤通学時なんかはけっこう混んでいるから、利用客は割と多いようだ。ネットで調べると下丸子駅の乗降客数は1日約2万8000人。ぼくの故郷、北海道旭川駅の乗車人数（降車は含まない）は4847人（2019年）。

将来、東急多摩川線は蒲田から京急蒲田まで延びるという噂も聞く。ぼくは羽田空港に行くとき、東急多摩川線で蒲田まで行き、京急蒲田まで歩いて京急線に乗っているので、蒲蒲線ができたら便利になると思うけど、工費は莫大だろうな。

東急多摩川線は全線大田区内を走る。多摩川線沿線の住み心地は、すなわち大田区西部の住み心地ということである。どうでもいいことだけど、「大田区」の由来が「大森」の「大」と「蒲田」の「田」だと知ったときは拍子抜けした。それまでは「この一帯に大きな田圃があったんだなあ。それが近代になって町工場に変わったんだなあ」と立松和平のナレーションのように心の中でつぶやいていたのに。「森蒲区」だったら響きがかわいかっただろう。

多摩川

多摩川駅は始発駅とは思えないほどこぢんまりとしている。多摩川台公園・浅間神社とせせらぎ公園に挟まれている。駅の周辺は豪邸が多い。

多摩川駅から少し田園調布よりに「どりこの坂」がある。ずっと「どりこ」って誰だろうと思っていたが、2011年に宮島英紀『伝説の「どりこの」』という本が出て謎が解けた。「どりこ」ではなく「どりこの」なのだ。戦前、この坂の近くに住んでいた人が開発した栄養ドリンクというか清涼飲料の名前が「どりこの」。講談社が販売して一時は大ヒットしたらしい。この坂を登ると元気になる……ということもなく、普通の坂。片側にせせらぎ公園の森を見下ろす感じで気持ちいい。ただし、静かすぎて、夜ひとりで歩くのは怖いかも。

沼部

このあたりは大田区田園調布本町、あるいは大田区田園調布南。しかし田園調布駅の周辺とは雰囲気が違う。ぼくが通っていた沼部駅近くのクリニックの院長は「本町とか南とか、さも田園調布の一部みたいだけど、このあたりは沼部だからね、沼部」とことあるごとにいっていた。地元で生まれ育った彼によると、田園調布と名乗っていいのは田園調布3丁目だけらしい（ほんとうかなぁ）。

多摩川駅と沼部駅のあいだを歩くのは気持ちいい。浅間神社の下で踏切を渡り、中原街道の下をくぐると六郷用水が始まり、桜坂の下、東光院まで続く。栄養過多なのか巨大な鯉はちょっとグロテスクだけれども。桜の季節は多摩堤の多摩川台公園脇から六郷用水に沿って歩き、桜坂を上がるというのがおすすめだ。桜のトンネルが連続して素晴らしい。ぼくは93年ごろから2022年までゴルフカブリオに乗っていて、毎年、桜の季節になると幌を下げてこのコースをゆっくり走るのが好きだった。電車からほとんど見えないのが残念。

沼部には大田区立大田図書館がある。長原に住んでいたころはよくお世話になった。京浜工業地帯の図書館らしく、金属加工をはじめ製造業に関する図書が充実している。

多摩堤通りは二子玉川から沼部の手前までは堤防の上を通っているが（通りが通るというのはおかしいかな）、沼部から堤防を少し離れ、下丸子で環八につながる。多摩堤通りはいちど途切れ、ガス橋通りの途中でまた復活し、武蔵新田と矢口渡のあいだで国道１号（第二京浜）と環八に交差し、池上線の蓮沼駅の脇から東急＆ＪＲの蒲田駅北を通過、京急蒲田駅の北で国道15号（第一京浜）にぶつかる。

沼部から堤防の上は多摩川サイクリングコースが延びる。ほんとうに気持ちがいい。ぼくはガス橋までしか走ったことがないけど、羽田空港の手前、穴守稲荷神社の鳥居まで続く。ただし自転車専用道路ではなく歩行者もいるので安全には十分注意を払う必要がある。

ガス橋通りは千鳥３丁目で環八と交差すると池上通りと名前を変え、池上駅前を通り、春日橋で環七と交差し、大森駅前から大井三ツ又を通過し品川の八潮にまで至る。

鵜の木・下丸子・武蔵新田

京浜工業地帯。90年代以降、製造業の海外移転が進み、このあたりでも工場を閉鎖してその跡地をマンションにするケースが増えた。それでも金属加工を中心に町工場がたくさん残っている。さすがにプレス機の音はあまり聞かなくなったけれども（騒音規制が進んだのだろうか）。

鵜の木から武蔵新田までは、それぞれ駅前商店街がにぎやかだ。目黒線沿線や池上線沿線より、家賃もやや割安感がある。多摩川に近く住みよいエリアだと思う。ゴジラには襲われやすいかもしれないが。

鵜の木は「揚げパン」の発祥の地だと聞いたことがある。「いや、揚げパンはもともとあったもので、それを最初に学校給食に出したのが鵜の木だった」と力説する人もいる。もしかしたら発祥の地かつ最初に給食に出したということなのかもしれない。揚げパンとドーナツの違いはどこにあるのだろう。いずれにしてもカロリー高そう。

三菱自動車の工場跡に高級マンションができたのはバブルのころだった。製造業の海外移転と工場用地の転用、大規模な高級マンションと、まるで時代を象徴するようだった。あのマンションは築30年にもなるのに、まだ値段が上がっているらしい。

下丸子にはキヤノンの本社や白洋舎の本社があって、京浜工業地帯らしさが残っている。白洋舎の工場のなかに五十嵐健治記念洗濯資料館がある。白洋舎とクリーニング業の歴史、洗濯の歴史についての資料を展示している。入場無料でいろいろ勉強になる。ぼくは2度か3度、訪れたことがある。解説を聞いて「なるほど!」と思ったのは、洗濯と水の温度の関係。汚れの質によって落ちやすい温度が違うので、お湯と水で二度洗うとよく落ちるというのだ。皮脂などは体温に近い温度のほうがいいらしい。うろ覚えだけど。

下丸子の駅前に大田区民プラザがある。立川談志が元気だったころ、何度かここのホールで独演会を聴いた。すでに談志は都心の大きなホールでもチケットがとれない時代だったので「談志を下丸子で!」と驚いた記憶がある。

武蔵新田という地名の由来は新田義貞の次男、新田義興が矢口渡で討たれたことによる。南北朝時代のころのことだ。武蔵新田には新田大明神を祭った新田神社がある。

矢口渡

葛飾柴又近くの矢切の渡しは演歌でも有名だが、矢口の渡しだって『太平記』に出てくるし、浄瑠璃や浮世絵の題材にもなっている。矢口渡駅から多摩川河川敷の矢口の渡し跡までは歩いて15分ぐらい。何もなくて矢切の渡しに比べるとちょっと地味だ。矢口の渡し跡から5分ぐらい下流に歩くと多摩川河川敷ブタ公園というすてきな名前の公園がある。ブタを飼っているわけではなく、ブタの形の遊具が置いてある。ただしブタだけではない。ブタ以外にもいろいろいる。

このあたりまで来るとほとんど蒲田文化圏だ。南に下がれば六郷土手。川を渡ればそこは川崎。

『ぼくらの町は川っぷち』という歌を思い出す。NHKの『みんなのうた』で流れていた。作詞は峯陽、作曲は林光。思い出すだけじゃなくて、しぜんと口から歌が出てくる。工場の煙突に呼びかけるところなんか好きだ。作曲の林光先生はぼくが店長をしていた洋書店によく来てくれた。「あるときお店に入ったらいい音楽が流れていたんだ。メロディーが、ぼくならこう書くなと思う通りに進んでいって、気持ちいいなと思ったら、ぼくの曲だと気づいたんだよ」なんておっしゃっていた。

池上線

五反田から蒲田まで弧を描くように走る池上線。3両編成で、駅と駅のあいだも短く、各駅停車のみ。のんびりした気持ちのいい路線だ。

思想家の東浩紀さんが主宰するゲンロンのカフェやギャラリー、オフィスは五反田にある。その理由を東さんに訊いたことがあるが、街の利便性に比べて家賃が安いのだそうだ。おトクな街ということである。

東急五反田駅は東急ストアが入ったビルの4階にある。初めて利用したときは「こんな高いところに！」と驚いた。

五反田から1つめが大崎広小路駅。すごく近い。駅間600メートル。東さんに取材するとき何度か降りた。周辺は飲食店が入った雑居ビルがたくさんあって、ちょっと混沌とした雰囲気がいい。

以前、大崎広小路駅のとなりにゆうぽうとがあった。日本郵政公社が持っていたのでゆうぽうと。ホテルやゆうぽうとホールがあった。テレビ東京の『にっぽんの歌』はここからの中継だったのではないか。ホテルは簡易保険の加入者だと安く利用できて、田舎の両親が上京する際、利用した記憶がある。郵政民営化以降はどうだったのか覚えていないけれども。ゆうぽうとは現在建て替え中で、こんどは星野リゾートがホテル部門を担当するという噂だ。

ゆうぽうとと並んで大崎広小路名物がTOCビル。TOCは「東京卸売りセンター」の略だ。ぼくは卸価格で買えるショッピングモールだと思い込み、勇んでいったらわりと普通のチェーン店が並んでいてちょっと肩透かしを食らった気分になった。誤解する方が悪いんだけど。

TOCがある場所は、昔、星製薬の工場と星薬科大学があった。星製薬といえばSF作家の星新一の実家だ。星新一が社長を務めていた時期もある。いまはニューオータニの経営。ニューオータニといえば浅草にあるROXも経営していて、ぼくがサラリーマン最後の1年間をすごしたのはROX4階のリブロだった。店長というか館長というか支配人というか、「大谷クン」と呼ばれていた痩せて背の高い青年が、現在の星製薬社長で星薬科大学理事長、そしてテーオーシー社長だ。

中原街道と国道1号（第二京浜）が交差するTOCビル周辺は、クルマを運転していて最も緊張を強いられる場所。このへんは気が立っているドライバーがけっこう多く、車線変更に迷ったりするとクラクションを浴びせられる。

戸越銀座

長い商店街で有名。ぼくは日本一長い商店街だと思い込んでいたが、どうやら大阪の天神橋筋商店街には負けるらしい。でも中原街道を渡って武蔵小山のパルム商店街とつながっていると考えれば天神橋筋に負けないいんじゃないかな。ぼくが対抗意識を燃やすことでもないいんだけど……。

戸越銀座はエピソード豊富ですね。たとえば関東大震災で被災・復興した銀座から瓦礫となったレンガを譲り受け、水はけが悪くて困っていた戸越の商店街に敷いたという話。本家の銀座のレンガを敷いているので、全国あちこちにある「〇〇銀座」のなかでも、戸越銀座は別格であり第1号であるのだそうだ。銀座6丁目のレンガを敷いたことから銀六商店街という商店街もある。街の雰囲気は本家の銀座とずいぶん違うけど。本家の銀座だとユニクロのステテコとTシャツ、ビーサンで歩くのははばかられるが、戸越銀座なら平気。ぼくは戸越銀座のほうが好きだ。いろんな店が並んでいるが、店舗数は400もあるらしい。

戸越銀座といえばＣｈａｒ（チャー）。この街で育ち、いまもこの街に住んでいる人。実家は商店街のなかの耳鼻科竹中医院（お母さんが医師）。子供のときから天才ギタリストとして有名だった。ジョニー、ルイス＆チャー（ピンククラウド）でのギターは本当にすごくて、しびれた。

荏原中延

荏原中延は商店街の街。駅周辺は商店街だらけで、なかでもなかなかのぶスキップロードは歩いているうちに気がつくと大井町線の中延駅に達するほど。最近はチェーン店も増えてきたが、他の街に比べるとまだまだ個人商店がたくさんある。物価も安い。

荏原中延は最近注目の街だ。平川克美さんの喫茶店、隣町珈琲（カフェ）があるから。平川さんは実業家で文筆家。思想家・武道家の内田樹さんの親友で、内田さんの本によく出てくる。『東京ファイティングキッズ』など共著もある。平川さんは『小商いのすすめ』や『路地裏の資本主義』や『共有地をつくる』などで、現代日本社会の生きづらさを指摘すると同時に、「小商い」「路地裏」「共有地」といったキーワードでこれからの社会を示唆してきた。隣町珈琲はいわばその実践版で拠点のようなもの。そして隣町珈琲のある荏原中延の商店街は、経済成長最優先の新自由主義的な生きかたとは違うコミュニティを実現できている。それは個人商店がたくさんあることと関係があると思う。

個人商店は店主が店の2階や裏に住んでいることが多い。職住が別という場合でも、徒歩や自転車で通える範囲に住む。つまり個人商店の店主はその街の住人でもある。だからたとえば店をリニューアルするときも、経営者としての視点だけでなく住人としての視点も入る。自分の店だけが儲かればいいというのではなく、商店街全体あるいは街全体のことを考える。

それは店主が店をたたむときも同じだ。後継者がいなくて店をたたむのはよくあること。そして、店舗と土地を売らずに誰かに貸すということもよくあること。問題は誰に貸すかだ。店主（地主）がその街で住んでいるかどうかで違う、と某商店街で代々商売を続ける人が教えてくれた。地主がその街を離れてしまうと、金額だけで店子を決めるようになる。しかし地主がその街に住み続けている場合は、その街に合った店子を選ぶというのだ。地主が住まなくなった商店街にはドラッグストアとコンビニばかりが目立つようになる。

それにしても荏原中延とは奇妙な駅名だ。少し歩くと大井町線と都営浅草線の中延駅がある。しかも両駅はつながっていなくて、乗り換えるときはいちど地上を歩かなければならない。ひどい雨の日なんかうんざりする。ちょっと離れるが大井町線の荏原町駅もある。じゃあ荏原中延は荏原町駅と中延駅の中間にあるのかというとそうでもない。そもそも荏原と名のつくエリアは広い。品川区荏原という町名こそ中原街道の北西側、不動前の南から洗足の東の方まで延びる細長いエリアだけれども、荏原病院があるのはけっこう離れた石川台だ。現在の品川区、目黒区、大田区、そして世田谷区や川崎市の一部も荏原郡だった。広くて古い荏原があちこちの地名や施設名にときどき顔を出す郡衙がどこにあったのかははっきりとしないが、荏原町駅付近だったという説が有力とされている。

洗足池・石川台・雪が谷大塚

旗の台と長原についてはすでに書いたので省略。台がつくだけあって坂道が多い。ぼくのイメージでは、旗の台は昭和大学病院の街、長原は環七と中原街道が交わる街。

洗足池駅は小さくてかわいい。人びとの憩いの場、洗足池公園最寄り駅にふさわしい駅舎だと思う。いずれ建て替えることもあるだろうが、ぜひ今のままの雰囲気を保ち続けて欲しい。中原街道は交通量が多くて洗足池付近から長原陸橋にかけてはよく渋滞しているけれども、街道から少し離れると静かな住宅地が広がる。商店街の街だった戸越銀座や荏原中延とは雰囲気が違う。洗足池駅の南側に小川が流れている。洗足池から流れ出た川で、東海道新幹線の近くまで続いている。その先は呑川に合流して東京湾に注ぐのだろうか。

いい街です。なにしろ勝海舟が別荘を構えたぐらいだから。なんでも、西郷隆盛と江戸城明け渡しの交渉をするために池上本門寺に行く途中、洗足池で休憩して、その雰囲気がいたく気に入ったのだそう。勝海舟夫妻のお墓があり、その隣には勝海舟が建てた西郷隆盛を偲ぶ碑もある。ぼくはだいたい月に1回ぐらいはお参りしている。自分の親の墓だってそんなにいかないのに（納骨堂だけど）。

石川台は坂の街。洗足池駅と石川台駅の中間にある荏原病院通りあたりを峰として、南西の呑川に向かってけっこう急な坂になっている。石川台駅の近く、坂の途中に雪ヶ谷八幡神社がある。

八幡神社の下に小さな商店街があり、さらにその下にもう少し大きな商店街が呑川と並行するように続いている。戸越銀座や荏原中延ほどのにぎわいはないけれど、いい感じの落ち着いた商店街だ。

雪が谷大塚駅は近距離で移転したり改称したりしている。むかし雪ヶ谷から奥沢のあいだを新奥沢線が走っていたそうだ。起点から終点までわずか１・４キロ。途中駅は諏訪分駅だけで、現在の田園調布学園運動場のあたりだろうか。１９２８（昭和３）年開業で１９３５年廃止というから、わずか７年のあいだだけの運行。奥沢４丁目のわが家の近くに新奥沢駅跡の石碑がある。

新奥沢線は国分寺のほうまで延びる予定というか構想だったらしい。具体的にどんなルートを考えていたのかは知らないけれど、多摩川と並行するように自由が丘や瀬田、成城、調布を経由する路線だったとしたら面白い。五島慶太の反対（というか妨害？）であえなく潰えてしまったけれども。

御嶽山・久が原・千鳥町

五反田から雪が谷大塚まで中原街道と併走していた池上線は雪が谷大塚の先で大きくカーブして、今度は環八と併走する。環八の反対側には東急多摩川線が走っている。環八は台の縁を走っていて、池上線は台の上を、東急多摩川線は台の下を走る。山の手と下町というわけではないけれど、同じ京浜工業地帯のなかにあっても、池上線沿線は住宅が多く、東急多摩川線沿線は町工場が多い。とはいえ千鳥町のあたりは山の手というよりも環八と国道1号（第二京浜）という幹線道路が近いからか、町工場や流通会社、倉庫などと住宅が混在している。

川が近くて土地が低いということは、昔は水害も多かったのだろうと想像する。しかし川に近ければ水上交通が使える。利便性と安全性、昔の人はどう考えたのだろう。

雪が谷大塚の荏原病院近くに建築家・清家清さんの自邸「私の家」がある。近代住宅建築の傑作。ぼくは「私の家」が大好きで、奥沢に家を建てるとき、建築家のアトリエ・ワンには「『私の家』を縦にしたような家にしてほしい」と要望した。80年代の終わりごろ、清家先生が台東区の催し物でスピーチするのを聞いた。清家先生は、隅田川の堤防なんてなくしちゃって、ときどき大水があるくらいのほうがいいんじゃないかなんていうすごいことをいって、隣にいた台東区長が慌てて「そういうわけにはいきません！」といっていたのを思い出す。清家先生の話はそこだけ捉えると乱暴に聞こえるけど、水源地から河口まで長いスパンで治水を考えると高い堤防さえつくればいいというものでもないと思う。

池上・蓮沼

池上は池上本門寺の門前町。日蓮は本門寺で亡くなった。日蓮は他の宗派に対して攻撃的で、ぼくはあまり好きになれないけど。

駅から本門寺までけっこう距離がある。歩いて10分ぐらいか。初めて訪れたときは、城南エリアにこんな風情のある街があるなんて！　と驚いた。参道にはくず餅の店がいくつもある。ここが発祥らしい。関西のくず餅は葛の粉で作るけれども、関東のくず餅は小麦粉を発酵させて作る。葛餅ではなく久寿餅と書くらしい。

本門寺は立派なお寺で伽藍も大きい。加藤清正が奉納した石段とか、小堀遠州がデザインした庭とか、立派なものがたくさんある。墓地には有名人のお墓も多い。よく雑誌などで紹介されるのは力道山の墓だけど、力道山を同時代に見たことがある人はすでに60代以上だろう。ぼくもかろうじてテレビで見たような気がするけれども、もしかしたら後年、いろんな番組で流れたのを見て、幼いときに見たような錯覚を起こしているのかもしれない。本門寺の庭にはぼくのお茶の師匠の茶室が寄贈されている。鈍庵という。いつか鈍庵でお茶を点てられたらいいなと思うけれど。

本門寺の西側、国道1号（第二京浜）の近くに池上梅園がある。本門寺に隣接しているから本門寺のものだと思っていたら、なんと大田区立なのですね。じつは池上駅よりも都営浅草線の西馬込駅のほうが近い。

池上線の線路は池上駅の先で大きく南に曲がる。多摩堤通りを越えたところに蓮沼駅。蒲田駅から500メートルぐらいしか離れてなくて、ここはほとんど蒲田といっていいほど。ネットで検索すると、1日の乗降客数は7000人ぐらいらしい（2021年）。駅舎も小さい。蒲田の西口方面に用事がある人しか使わないだろう。家賃相場はけっこう安くて、住むには穴場だ。蓮沼駅だけでなく東急とJRの蒲田駅、そして東急多摩川線の矢口渡駅も使える。将来、もし蒲蒲線ができたら、このあたりの地価は上がるんじゃないか。ひと儲けたくらんでいる方、いかがですか？

大井町線

大井町線は大井町と溝の口をつなぐ。二子玉川から溝の口までは田園都市線と併走する。

東急の他の路線が都心から郊外へと放射状に延びていくのに対して、大井町線はその放射状の線を横につなぐ。旗の台で池上線と、大岡山で目黒線と、自由が丘で東横線と、二子玉川で田園都市線とつながる。大井町駅はＪＲ京浜東北線とりんかい線に、溝の口駅はＪＲ南武線（武蔵溝ノ口駅）に近い。

大井町線は駅と駅の間隔が短く、駅間が1キロに満たないところも多い。

東側と西側で街の雰囲気が違うというのがぼくの印象だ。境目は大岡山あたり。東側、大井町から旗の台あたりまでは下町っぽく、北千束・大岡山あたりから二子玉川までは山の手っぽい感じだ。実際、大井町は海に近く、二子玉川に近づくにつれて内陸に入っていく。

東側は細い道が入り組み、住宅がぎっしりと建て込んでいる。うっかりクルマで路地に迷い込むと、なかなか出られないことになる。西側も自由が丘駅周辺などは一方通行が多くて入り組んでいるが、それ以外の住宅地はわりとゆったりしている。

ひとくちに東急沿線の街といっても抱くイメージは人それぞれ違うだろうけど、ぼくはこの大井町線西半分の沿線がもっとも東急らしい街なのではないかと考えている。それはぼくがこのあたりに長く住んできたからという身びいきだけでなく、後述するように、東急の創業者、五島慶太にまつわるものがいろいろあるからでもある。

大井町

大井町は大きな街だ。東急の大井町駅のほか、ＪＲ京浜東北線の大井町駅とりんかい線の大井町駅がある。駅の周辺にはＪＲ駅ビルのアトレのほかイトーヨーカドーや阪急百貨店大井食品館（阪急百貨店だけどなぜか食品店やホテルやテニス＆ゴルフスクールだけがあってデパート部門はない）、ヤマダデンキなどがあり、安くておいしい飲食店も集まっている。少なくとも独身者には住みやすくて便利な街だと思う。

大井町駅の南西に向かって10分ほど歩くとＪＲの西大井駅があり、横須賀線と湘南新宿ライン、埼京線・相鉄線直通の電車が停まる。これが意外と便利だ。

駅の東側、坂を下っていくと国道15号（第一京浜）、つまり東海道。北に歩けば京浜急行の青物横丁駅、南に歩けば同じく京急の鮫洲駅。つまり駅の東側も交通機関の利便性は高い。第一京浜から少し東に行くと東京運輸支局や鮫洲運転免許試験場がある。

第一京浜を地元では一国（いちこく）と呼ぶ。同様に第二京浜（国道1号）は二国（にこく）。15号なのになんで一国？　1号なのになんで二国？　と疑問に思っていたが、1885（明治18）年に明治一號國道として指定されたのが旧東海道の現・国道15号だったかららしい。明治一號國道は第一京浜国道と呼ばれ、略して一国。1934（昭和9）年に一国のバイパスとしてつくられた現・国道1号が第二京浜国道、略して二国。当時は三六號國道だったそうだ。戦後、1952（昭和27）年に現在の道路法が施行され、一国は国道15号に、二国が国道1号になったという。なんでこんなまぎらわしいことをしたのだろう。一国、二国とはいうけれど、第三京浜を三国（さんこく）といわないのも不思議。地元でも第三京浜は略さない。

話を元に戻すと、名前が魅力的なのはゼームス坂通り。江戸時代は浅間坂という急な坂だったが、明治時代に坂の途中に住んでいた英国人のゼームスが私財を投じて緩やかな坂に改修し、ゼームス坂と呼ばれるようになったそうだ。大井町に住むのなら、ゼームス坂もいいなあ。

光学通りというのも素敵な名前だ。宮沢賢治の童話に出てきそう。でも由来は西大井駅の近くに日本光学（現・ニコン）の工場があったことから。いまはもう工場はないが、近々ニコンの本社が港区から引っ越してくるそうだ。

ニコンは世界でもトップクラスのカメラメーカーだった。ぼくがカメラ小僧だったころ、カメラ好きはニコン派とキヤノン派に分かれた。ニコンは質実剛健な本格派でキヤノンはファッショナブルなイメージだった。へそ曲がりなぼくはニコンに憧れつつもオリンパスを選んだ。ところが大人になってから我慢しきれずにニコンＦ３を買った。やがて時代は変わる。いまやぼくは一眼レフどころかコンパクトカメラすら使わなくなった。ｉＰｈｏｎｅで十分、というかｉＰｈｏｎｅのほうがきれいに撮れるような気がする。ニコンも一眼レフカメラ本体の国内生産を終了した。ＪＲ大井町駅から川崎方向にＪＲ京浜東北線の線路沿いを歩くと東側に東京品川病院があるが、これはかつての東芝病院。東芝が運営する病院だった。東芝も白物家電から撤退（中国企業に売却）し、本稿執筆時点では再編をめぐって揺れている。ニコンや東芝の現在の姿を誰が予想しただろう。

ニコンは三菱グループに、東芝は三井グループに属する。そういえば下神明駅と戸越公園駅の中間ぐらいにある戸越公園はかつて三井家の庭園だった。隣接した公園、文庫の森もかつて三井文庫だったのが戦後、国文学研究資料館となり、その後、2013（平成25）年に文庫の森になった。

下神明・戸越公園・中延

大井町から1つめの駅は下神明。ほとんど大井町の商圏だ。ぼくはいちど品川区役所に行くとき降りたことがあるだけ。なんの用があったのかは思い出せない。下神明駅からは青稜中学校・高等学校や日本音楽高等学校、都立大崎高等学校などが近い。日本音楽高等学校は音楽コースのほかバレエや舞台芸術のコースもある。制服は雑誌『FUDGE』の監修。制服をファッション誌が監修する時代が来るなんて。

戸越公園駅は都営浅草線の戸越駅や戸越銀座の商店街まで徒歩圏。池上線の項で触れた平川克美さんの隣町珈琲がある荏原中延の商店街も歩いて行ける。戸越公園と文庫の森も近い。

池上線の荏原中延、大井町線の戸越公園、大井町線・都営浅草線の中延という3つの街があるというよりも、ひとつの街に3つ（あるいは4つ）の駅があると考えたほうがいいかもしれない。

荏原町・旗の台・北千束

国道1号（第二京浜）と三間通りが交わる二葉4丁目交差点付近を源氏前という。源氏前小学校や源氏前公園がある。源氏前というから、源氏という何かがあるのだろうと考え、源氏を探したが見つからない。調べてみたら、源頼義・義家親子が奥州追討の綸旨を受けて出陣したのがこの場所なのだという。八幡太郎義家。源氏の陣屋の前だから源氏前。旗の台も源氏が旗を立てたことから。ほんまかいな。

この源氏前から荏原町駅・旗の台駅前を越えて中原街道まで、三間通りには商店街が続く。大型のショッピングセンターはなくて、小さな個人商店が多いのは戸越銀座や荏原中延と共通している。大井町線沿線の東半分は商店街の街なのである。

北千束駅は洗足駅の南にある。京急の北品川駅が品川駅の南にあるのと似たようなものか。確かに北千束駅は洗足池の北にあるけれども。北千束駅周辺は小さな商店がいくつかと、小学校と郵便局があるくらい。あとはひたすら住宅街が広がる。

緑が丘

大井町線に急行が導入される少し前「大井町線の駅が減らされるらしい」という噂が流

れたことがある。たしかに駅間が短い。駅を減らせばスピードアップできるだろう。問題はどの駅を減らすかである。中延、旗の台、大岡山、自由が丘は乗り換え駅だから廃止できないだろう。自由が丘と二子玉川のあいだには九品仏、尾山台、等々力、上野毛の4駅がある。九品仏は駅のホームが短くてドアが開かない車両があるから廃止の可能性が高い。上野毛は五島美術館があるから廃止しないだろう。尾山台は武蔵工業大学（現・東京都市大学）があるからなくせないだろう……なんていうことをもっともらしい顔で話す人もいた。すると、いやいや等々力だって東横学園女子短大（現・東京都市大学）があるし、世田谷区役所の玉川総合支所があるから、等々力も残るだろうと主張する人もいた。さらには、廃止確定と思われた九品仏についても、五島慶太のお墓があるじゃないか、九品仏駅もなくすわけにはいかない！という人があらわれる。上野毛駅と二子玉川駅のあいだは1・2キロと、他の駅間よりやや長く、しかも急な坂がある。しかも上野毛駅は五島美術館の最寄り駅だ。この九品仏から上野毛までの4駅に共通するのは五島慶太というキーワード。五島美術館は五島慶太のコレクションを集めた美術館で、武蔵工業大学と東横学園は東急グループの五島育英会の大学、九品仏の浄真寺は五島家の菩提寺。いずれも東急グループの創業者五島慶太と縁が深い。実際、急行が走るようになっても駅が廃止されることはなかった。

緑が丘駅も廃止の噂の有力候補（というのも変ないい方だけど）だった。大岡山駅に近いし、しかも緑が丘駅と大岡山駅のあいだには東京工業大学のキャンパスしかない（つまり、東工大キャンパスの中を線路が通っている）。緑が丘駅の東側は東工大だから、緑が丘駅利用者は自由が丘駅と奥沢駅と石川台駅で代用できるのじゃないか、というような考え方をする人もいた。

ただ、ここで断っておきたいのは、こういう仮想の駅廃止計画を議論するとき、地元住民は駅がなくなったほうがいいなんて思っていないということ。駅は存続してほしい、でもいろんな都合で廃止・統合するならば、という仮定の話だ。現実には駅がなくなると地価や家賃などにも影響するし、小売店や飲食店などにとっては死活問題にもなる。利便性だけでは決められない。

緑が丘駅もちゃんと残った。建て替えられて頑丈そうになった。大きな地震がきても大丈夫だろう。

ご近所だからいうわけじゃないけど、緑が丘はいい街だ。東工大のキャンパスは緑豊かで、入試のとき以外は市民にも開放されている。呑川と九品仏川の緑道がある。駅前の商店街はちょっと寂しくなってしまったけど、八百屋やパン屋をはじめ個人商店がある。ちゃんこ屋もある。大岡山・奥沢・自由が丘が徒歩圏だ。観察していると、普段の買い物は自転車で自由が丘へ、という人が多いようだ。

九品仏・尾山台・等々力

自由が丘駅から等々力駅までのあいだは、北から目黒通り／上野毛通り、八幡通り、等々力通り、環八が並行して東西に延びている。それらとほぼ直角に学園通り、駒八通り、用賀中町通りが南北に交わる。そのあいだの細かい道路はおおむねこれらの道路と並行。つまりこのあたりは道が碁盤の目のようになっていて、そこに住宅が並んでいる。かつては田んぼや畑や林が広がっていたところに道をつくり住宅地にしていったのだろう。自由が丘駅を出た大井町線の電車は九品仏駅の手前で右にカーブして、上野毛駅まで等々力通りと並行する。

あくまでぼく個人の感想だが、ここは東急沿線のなかでも最も環境のいいエリアではないか。北海道で育ったぼくは、道が碁盤の目になっていると落ち着く。当てずっぽうに歩いていても方向感覚を失わない安心感がある。道幅は比較的ゆったりしているし、狭い道はたいてい一方通行。環八や等々力通り沿いには背の高いマンションもあるが、それ以外は2～3階建ての低層住宅がほとんどだ。生産緑地も多い。高い建物が少なくて緑地が多いと空が広く高く見える。空が広いと気持ちもゆったりする。

環境はいいが、田園調布3丁目や成城のように気圧されるような豪邸ばかりが並んでいるわけではない。小さな共同住宅も多い。まあ、不動産価格は高そうですね。もしも予算に関係なく住む街を選んでいいといわれたら、ぼくはこのへんを最有力候補のひとつに推す。もちろん約20年住んできた奥沢4丁目がいちばんであるけれども。

緑の豊かなエリアである。九品仏浄真寺の境内や隣接したねこじゃらし公園だけでなく、あちこちに生産緑地がある。よくメディアで取り上げられる大平農園やぶどう狩りが開催される高橋ぶどう園も。

浄真寺はもともと吉良氏の奥沢城があったところ。1590（天正18）年の小田原征伐ののち廃城になり、その後、浄真寺が開かれた。奥沢城は吉良氏家臣の大平氏が守ったと伝わる。大平農園の大平さんの祖先なのだろうか。

本稿執筆中に九品仏商店街の柳文堂が閉店してしまった。本と文具を扱う昔ながらの個人商店で、壁面に子供たちの絵が描かれていた。壁画ごと解体されて、現時点では更地のまま。店の前を田園調布雙葉の小学生たちが歩いている風景はなかなかよかったのに残念（なんて、一度も買い物をしたことがないヤツがいうなよ、と叱られそうだけど）。

尾山台はかつて小山村といわれていたそうだ。それが明治になって、武蔵小山と紛らわしいということで尾山になったのだとか。でも尾山台駅から環八に向かって坂になり、環八のあたりが峰というか動物の尾のような国分寺崖線だから、小山より尾山のほうが字面（じづら）的にはぴったり合っていると思う。

等々力駅の尾山台寄りに目黒通りの陸橋がかかる。目黒通りの正式名称は都道312号白金台町等々力線というのだそうだ。江戸時代からある通りだという。いまは多摩堤にぶつかる玉堤（まぎらわしい！）が終点だが、こんど橋が架かって多摩川を越える。その名も「等々力大橋！」。新横浜駅まで伸長するという構想もあるのだとか。でも、近くには二子橋も丸子橋もあるし、第三京浜と東名高速もあるのに、ホントに必要か？　というのが正直な気分だ。これから人口も減っていくのに、そんなことにお金使っちゃって大丈夫なのだろうか。

等々力駅付近は陸橋があるから等々力大橋が開通してもあまり変わらないだろう。だが環八との交差点付近や等々力不動の前、坂を下った玉堤のあたりはかなり環境が変わるかもしれない。いまは商業施設もほとんどないけれども、ファミレスとかロードサイド系のチェーン店があらわれるのだろうか。

上野毛

上野毛駅を出て環八を渡り、少し進むと急な下り坂になる。国分寺崖線の縁なんだということを実感する。坂を下る手前を北に入ると五島美術館がある。東急電鉄および東急グループをつくった五島慶太のコレクションを収めた美術館である。建物の設計は吉田五十八。昭和の名建築のひとつだ。五島慶太の喜寿を祝って計画されたが、完成したのは彼が亡くなった翌年だった。残念。国宝の『源氏物語絵巻』『紫式部日記絵巻』をはじめ、絵画や墨跡、茶道具、陶磁器などを収蔵する。同じ敷地内に大東急記念文庫。広い庭も持つ。大東急記念文庫は古い書物を集めている。一般公開はしておらず研究者のみが閲覧できる。上野毛駅を出た電車はこの美術館の森を通って二子玉川駅に向かう。

五島慶太に限らず昔の鉄道王は書画骨董を集め、茶の湯に親しんだ。根津美術館（東京・表参道）は東武鉄道の根津嘉一郎のコレクションを、逸翁美術館（大阪府池田市）は阪急の小林一三のコレクション。西武鉄道・堤康次郎のコレクションは高輪美術館に収められたが、同館は軽井沢に移転し、のちにセゾン現代美術館となった。収蔵品も康次郎の長男、堤清二が集めた現代美術に替わった。そのあたりのことは拙著『セゾン文化は何を夢見た』（朝日新聞出版）に書いた。

五島美術館の周辺は閑静な住宅街で五島邸はじめ大邸宅が並ぶ。環八から少し入っただけなのに、と驚くほど静かだ。環八沿いにある多摩美術大学のキャンパスが防音壁となっているのかもしれない。

ちなみに五島美術館のサイトを見ると、大東急記念文庫について〈同文庫は昭和23年（１９４８）に当時の東京急行電鉄株式会社を東京急行電鉄・京浜急行電鉄・京王帝都電鉄・小田急電鉄・東横百貨店の五社に分離・再編する記念事業として企図され〉と書かれている。そうなんだよな、京急も京王も小田急も、昔は東急だったんだよな、とあらためて思う。

五島美術館はじめ東急沿線は美術館や文化施設が多い。田園都市線は長谷川町子美術館（桜新町）に世田谷美術館（用賀）。東横線・大井町線の自由が丘には世田谷美術館の分館である宮本三郎記念美術館がある。渋谷は東急だけの街ではないけれども、美術館やコンサートホール、劇場を備えたBunkamuraがあるし、東急の旧本社跡地に建てられたセルリアンタワーの地下には能楽堂がある。目黒駅の駅前には久米美術館、ちょっと歩くと杉野学園衣裳博物館、東京都庭園美術館、国立科学博物館付属自然教育園、目黒区美術館、目黒寄生虫館などがある。こうした文化施設も東急沿線の雰囲気をつくっているのだと思う。

世田谷線

世田谷線は東急で唯一の軌道線。チンチン電車。といっても道路上をクルマと一緒に走る区間はなくて全線独立した軌道。三軒茶屋から下高井戸まで10駅あるが、駅間は短くどこも1キロに満たない。三軒茶屋駅と西太子堂駅のあいだ、世田谷駅と上町駅のあいだは、それぞれ300メートルしかない。玉電のチンチン電車感覚が残っている。全国あちこちの街を歩いて、チンチン電車が走る街はいい街だと感じる。路面電車（といっていいのかは微妙だが）はゆっくり走る。バスよりも遅いんじゃないか？　乗っている方ものんびりとした気持ちになる。ぼくはバスが苦手で、バスに乗るとトイレに行きたくなったり、いつトイレに行きたくなるか不安になったりして、落ち着かない。でも路面電車だとそんなことがない。

世田谷線は均一運賃で大人は現金払いで150円。三軒茶屋で乗って西太子堂で降りても終点の下高井戸で降りても150円。「世田谷線散策きっぷ」を使うと1日乗り降り自由で、料金は大人340円だ。

散策きっぷを発行（というのか？）しているくらいだから、東急としても世田谷線および沿線の街を一種の観光路線・観光地と見ているのだろう。

世田谷線は生活路線としてかなり便利だ。本数も多く、7時台と8時台は1時間に13本。4〜5分に1本やってくる。昼間の10時から14時でも1時間に8本だから、7〜8分に1本。三軒茶屋駅の始発は5時15分で、終電は0時38分（ただし上町行き）。もちろんたとえば三軒茶屋駅の田園都市線時刻表を見ると、平日の朝8時台は27本も走っているから、それと比べると少ないということになるけれども、ぼくが子供のころ4年間暮らした北海道美瑛町の富良野線美瑛駅なんて6時台、8時台、13時台が2本で、他の時間帯は1時間に1本しか走っていない（2022年6月現在）。

子供のころといえば、郷里の旭川市にも路面電車が走っていた時期がある。旭川四条駅から動物園のある旭山までと、隣町の東川町までの2系統。ぼくが中学生のころに廃止され、バスに代わった。バス会社の名前が旭川電気軌道というのはその名残だ。しばらく前から旭山動物園が人気で、東川町も移住者が増え続ける町として注目されている。路面電車を残しておけば観光にも通勤通学など日常生活にも役に立ったのにと思う。世田谷線もずっと残してほしい。

世田谷線を観光客の視点で見ると、松陰神社と若林公園（松陰神社前駅）、世田谷代官屋敷（上町駅）、世田谷城址公園（上町駅・宮の坂駅）、豪徳寺（宮の坂駅）などが観光スポット。散策きっぷを使って乗ったり降りたりしながらめぐってもいいし、徒歩でもそうたいした距離ではない。

毎年、暮れの12月15・16日と、年明けの1月15・16日に、代官屋敷のあるボロ市通りを中心に世田谷ボロ市が開かれる。古道具や古着などの露店が約７００も集まり、もちろん人もたくさん集まる。この日は世田谷線も臨時ダイヤで走る。１５７８（天正６）年に始まったというから、もう４５０年ほども続いている。京都の弘法市・天神市には及ばないが、長い歴史のある市だ。

観光地的ではあるけれども、たとえば浅草や谷中のように、あるいは鎌倉のように、観光客がゾロゾロ歩いているわけではない。松陰神社も豪徳寺も平日の昼下がりなど静かなものだ。基本的に世田谷線は生活路線であり沿線の町も住宅街だ。松陰神社前駅付近や上町駅付近、そして小田急線豪徳寺駅に隣接した山下駅付近と京王線下高井戸駅に接続する下高井戸駅付近は商店街があるけれども、あくまで付近に住む人が日常の生活に必要なものを買ったり飲食したりする店である。

神奈川県の東急沿線

東横線と目黒線は多摩川駅の先で、田園都市線は二子玉川駅の先で、それぞれ多摩川を渡って神奈川県に入る。ただし田園都市線は長津田駅の先で県境を越えて東京都町田市に入る。つくし野駅から南町田グランベリーパーク駅までは東京都町田市で、その先からふたたび神奈川県に入る。つきみ野駅と終点中央林間駅は神奈川県大和市だ。東横線の終点は横浜市。

東横線・目黒線も田園都市線も多摩川を越えると沿線の街の雰囲気がずいぶん変わる。ただしその変わり方は東横線と田園都市線では違う。

東横線・目黒線で多摩川を越えた最初の駅は新丸子。以前通っていた美容院のアシスタントがいっていたが、新丸子は穴場なのだそうだ。家賃がおトクだというのである。東横線も目黒線も多摩川駅まではけっこう家賃が高い。多摩川を渡ると安くなる。ただし新丸子の次の武蔵小杉はタワマンが林立するおしゃれタウンに変わり、家賃相場は上がっていて（というか、安いアパートが減って、高いマンションが増えているということらしい）、東京から離れれば離れるほど安くなるというものでもない。

地図を見ると日吉は田園調布に似ている。駅の西側は放射状の道とそれをつなぐように同心円状の道路がめぐらされている。ただし田園調布の西側は駅前をのぞいてほとんど商業施設がなく、住宅、それも豪邸が建ち並ぶが、日吉は飲食店や小売店が並んでいる。そして駅の東側は慶應義塾大学の日吉キャンパスが広がる。慶應義塾高等学校もここにある。つまり街の半分は慶應義塾で占められていて、残りの半分に住宅と商店・飲食店などが並んでいる。田園調布よりもにぎやかに感じる。同じように道路を引いても、街はこんなに違うものかと驚く。

2008（平成20）年に横浜市営地下鉄のグリーンラインが開通してグリーンラインにも日吉駅ができた。港北ニュータウンはじめグリーンライン沿線の人が日吉で東横線や目黒線に乗り換えるようになった。

綱島はエッセイストでプロ野球のユニフォームなどにも詳しい（プロ野球意匠学研究家）綱島理友さんが住んでいた街。いや、いまでも住んでいるのか。

むかし、綱島駅近くの喫茶店で理友さんにインタビューしたことがある。テーマはなんだったか忘れたけど、雑談でペンネームの由来について訊くと、『ポパイ』の編集部に出入りしているうちに同誌にコラムを書くようになって、ペンネームを決めるとき、綱島に

田園都市線藤が丘駅付近、1991年

住んでいてフィアット・リトモに乗っているから綱島のリトモ、綱島理友だ、となったそうだ。インタビューしたときも理友さんはリトモに乗っていて、「このペンネームだから他のクルマに変えられないんだよ」と苦笑していた。リトモの生産は１９８８（昭和63）年で終わっている。中古車でも滅多に見かけない。理友さんもさすがにいまは乗っていないだろう。

綱島といえば綱島街道。中原街道の多摩川から南側を綱島街道という。江戸城から小田原城にいたる主要ルート。そんなことが頭にあるからか、綱島の街はどことなく街道宿場町のその後という感じがする。気のせいかもしれないけど。

菊名はＪＲ横浜線との接続駅。ぼくが相模原市に住んでいた１９８０年ごろの横浜線はほんとうにローカルな路線で、「東京の近郊や横浜でもこんなにのどかなんだ」と驚いたが、新横浜駅周辺をふくめ沿線の再開発が進んで利用者が増えた。ぼくも京都との二都生活をするようになった12年前からこの駅をよく利用するようになった。実はそれまでは京都や大阪に行くとき、品川駅で東海道新幹線に乗り換えていた。あるとき新横浜駅で乗り換えてみたら快適でびっくり。移動時間はほとんど同じだが、朝の奥沢から新横浜、夜の新横浜から奥沢のほうが、ラッシュ時の混雑を避けられるのだ。

菊名は坂の街。いちど丘の中腹に住む人の家に取材でおじゃましたことがある。斜面に建つ家は眺望も良く、住んでいて楽しそう。もっとも、雪が降ったときのことや、歳をとって足腰が弱ったときなどを考えると、住む人を選ぶかもしれない。

妙蓮寺は門前町。駅の東に妙蓮寺の境内が広がり、西側の駅前には旧綱島街道。さらにその西に菊名池公園がある。商店街のなかの石堂書店はメディアによく登場する。いわゆる「街の本屋」なのだが、ひとり出版社「三輪舎」の中岡祐介さんとタッグを組むようになって、別館でリトルプレスや詩集・絵本を扱ったりトークイベントを開催したり、本館2階をシェアオフィスとコワーキングスペースにしたりと、いろいろ新しいことをやっている。そのため各駅停車しか停まらないこの駅前の商店街にわざわざ足を運ぶ人もあらわれている。都心や横浜との微妙な距離感がいいのかもしれない。

白楽駅と東白楽駅は神奈川大学の最寄り駅。というか神奈川大学がある六角橋の街の北端に白楽駅が南端に東白楽駅があるという感じ。神奈川大学は通称「じんだい」。

おなじ六角橋の街の北端と南端と書いたけど、白楽駅と東白楽駅とでは付近の雰囲気がまるで違う。白楽駅の駅前は旧綱島街道で古くからのにぎやかな街。個人商店が多い。東白楽駅は国道1号につながる県道12号線（横浜上麻生道路）に面していて、ロードサイド店が多い。東白楽駅を出て坂を下ると国道1号、東海道にぶつかる。その向こうにはＪＲの東神奈川駅と京急東神奈川駅があり、さらにその先にはコンビナートが広がる。東神奈川付近は浦島太郎伝説の街で、浦島町や亀住町という町名もある。このへんで子供に虐待されている亀を見たら助けようと思っているのだが、海亀は棲んでいそうにない。

横浜駅はあまり終点という感じがしない。電車はそのまま横浜高速鉄道みなとみらい線に入って元町・中華街駅まで行くし、みなとみらい線と直通運転になる前は桜木町駅が終点だった。渋谷駅よりも一足先にリニューアルした横浜駅。東急・横浜高速鉄道以外にも京浜急行、ＪＲ、相鉄、横浜市営地下鉄の横浜駅が合体していて、全国屈指の巨大駅である。でも不思議と迷った記憶はない。動線の設置がうまいのだろう。

横浜は特別な街だと思う。１９７７（昭和52）年、18歳の春に大学進学のために東京に住みはじめて、新たに知り合った首都圏在住の人びとと話していると、居住地や出身地について自己紹介するときの微妙なニュアンスが気になった。端的にいえば、横浜在住の人は誇らしげで、千葉県や埼玉県の人はやや気後れした感じ。でも千葉市や市川市を訪れてみると、ぼくが住む四畳半アパートのある杉並区西荻窪より都会だし、浦和や和光や所沢だって同様。もちろん横浜駅周辺は大都会だし、元町商店街はおしゃれだし、中華街のようなエリアはほかにない。でも、ビルの大きさや人口の多さ、つまり都市化ということでは千葉県や埼玉県も大差ないのに。違いがあるとしたら、文明開化以来の歴史や文化ということになるだろう。外国への窓口として開かれた横浜港はもっぱら欧米の生活様式を取り入れることを進歩と見なした多くの日本人にとって憧れの場所であり続けてきた。そして渋谷と横浜を結んだことが東急のブランドイメージの基礎となった。

大学を卒業してというか、卒論を残して留年した2度目の4年生の秋に就職した洋書輸入販売会社の先輩社員が、「横浜って通い始めると癖になる街なんだよ」といっていた。彼は休日のたびに横浜に行き、残業がないときは仕事帰りに横浜まで飲みに行くことがあった。異国情緒のある港町という点では、神戸や長崎とも共通点があるかもしれない。

東横線が昭和初期につくられたのに対して、田園都市線が中央林間まで延びたのは1984（昭和59）年。沿線の神奈川県部分の街の多くは、戦後の、それも高度経済成長期とその後につくられた。溝の口から先は新しい街といってもいいだろう。東急の他の路線が、すでに人の住んでいるところに線路を敷いたのに対して、田園都市線の神奈川県部分はまだ人があまり住んでいないところに線路を敷き、住宅地を開発し、駅周辺にショッピングセンターを建てるなどして、街そのものをつくっていった。もちろん田園都市線がつくられる前から住んでいる人はいたし、原始林や原野が広がっていたわけではないけれども、住んでいる人の絶対数が違う。それに田園都市線ができる前に住んでいた人たちは働く場も住まいの近くだった。しかし新たに開発された田園都市線沿線に住む人たちは昼間都心で働く人が多い。ベッドタウンとして開発された。

田園都市線のなかでも溝の口は古くからの町並みが残り、再開発前に比べると希薄になったとはいえ駅の周辺には猥雑感が残る。そういえば昔、溝の口駅とＪＲ南武線武蔵溝ノ口駅のあいだに古い商店街があり、そこで靴屋をやっている人に取材をしたことがあるが、敗戦直後にバラック建ての商店街ができて、お父さんがそこで商売をはじめたのだといっていた。つまり溝の口には戦前・戦中の記憶が受け継がれている部分がまだあるのだ。しかしその記憶は溝の口から先になると薄くなる。

たまプラーザや青葉台は駅のまわりにショッピングセンターや商業施設が集まり、その外側に住宅街が広がる。整然としていて清潔だ。猥雑な感じはない。たとえばキャバクラとかガールズバーなど「お色気」を感じさせる店はほとんどない。ほとんどないと書いたけど、ネットで検索するといくつかヒットするから実際はそういう店もあるのだろうけど、あるように感じさせない。

そういう「整然とした」「清潔な」というのは好みが分かれる。ぼくはキャバクラなど女性が接客する「お色気」系の店が苦手で、近づくこともないけれども、清潔すぎる街は薄っぺらくて居心地が悪い、という人の気持ちもわかる。住むのではなく旅行者として散歩して楽しいのは、清潔な街よりも猥雑な街だから。猥雑な部分、ノイズの部分が、街に陰影を与え、奥行きを与える。でも、もしも自分が住んで、子育てもして……と考えるとどうだろう。陰影や奥行きよりも、清潔・安全・安心を優先するかもしれない。『金曜日の妻たちへ』は、そんな清潔・安全・安心をパッケージされた環境でのフラストレーションを象徴するドラマだったともいえるのだけど。

田園都市線某駅近くの喫茶店で、パリ人肉事件の犯人、佐川一政氏に取材したことがある。なぜ殺したのか、なぜ被害者の遺体を食べたのか、ぼくの質問に答える佐川氏の向こうのテーブルでは、沿線に住んでいると思しき中年手前の女性たちがケーキと紅茶で楽しげに談笑していた。

田園都市線の最大の欠点は電車の混雑だろう。ぼくが30歳でサラリーマンを辞めた理由のひとつは通勤電車だった。肉体的にも精神的にも辛い。それに耐えられる人もいるが、耐えられない人もいる。サラリーマンを辞めてラッシュ時の電車にはめったに乗らなくてもいいようになり、ぼくはたちまち健康を取り戻した。体重もかなり増えた。都心に通勤しなくてもいいのなら、田園都市線沿線の生活はかなり快適だと思う。町並みはきれいだし、買い物をするところに不自由しないし、空気はきれいだし。ラッシュ時を避ければ都心に行くのも楽ちん。コロナ禍でリモートワークが増えたけれど、パンデミック終息後もリモートワークが定着するといいなと願う。

終章

田園都市構想とほどよい距離感

渋沢栄一と五島慶太と小林一三

東急の沿線、特に東横線沿線と目黒線沿線の街は、渋沢栄一の田園都市構想に影響を受けて形成された。目黒線の洗足や大岡山、奥沢、田園調布などがそうだ。田園都市という名前があらわすように、田園が広がる緑豊かな土地に新たに街をつくり、都心に通勤する鉄道を敷いた。住宅地の分譲開始時期と関東大震災が重なったことから、都心を脱出した人びとが移り住んだ。

田園都市という考え方のルーツはイギリスで、産業革命への反動というか反省というか、もっと自然と調和した生活を考えようということだと思う。ナショナルトラスト運動がイギリスで生まれたのも、国じゅうの森林を伐採してハゲ山だらけになってしまった反省みたいなものだ。そういうふうに考えていくと、ウィリアム・モリスのアーツ・アンド・クラフツ運動とかビアトリクス・ポターのピーター・ラビットも東急沿線の文化と無関係ではないような気がしてくる。そういえば『ピーター・ラビットのおはなし』刊行120周年のイベントを東急沿線で開催していた。

アイデアとグランドデザインは渋沢栄一。それを継いで発展させたのが五島慶太とその息子の五島昇。五島慶太のビジネスの進め方には強引なところもあって、だから「強盗慶太」の異名もあったというが、それが強盗というほどあくどいものだったかどうか。現代のM&Aを先取りしただけとも思える。

渋沢栄一は幕末の1840（天保11）年、現在の埼玉県深谷市で生まれた。五島慶太は1882（明治15）年、現在の長野県青木村に生まれた。ふたりとも東京出身ではなかったことに要注意。外部＝よそものの目で都市開発に取り組むことができたのではないか。もちろん江戸時代にすでに都市として成熟していた都心部や下町を再開発するより、農地や山林だった郊外の方が開発を進めやすいという現実的なことはあったとしても。もし渋沢栄一や五島慶太が日本橋や深川で生まれ育っていたら、田園都市構想は別の形になっていたかもしれない。

関西で東急沿線に似ていると感じるのが阪急沿線だ。創業者の小林一三は、鉄道を敷いただけでなく、宝塚歌劇団をつくったり、百貨店をつくったりしたし、都市開発も積極的にすすめた。ただし大阪から兵庫県方面に電車を走らせようと最初に考えたのは小林一三ではなかったようだけど。小林一三も現在の山梨県韮崎市出身で、関西の人ではない。つまり外部の人。

東急沿線の、それも西側の魅力は、街の新しさ、田園都市構想によってつくられた人工性、そして流動性の高さと関係があるのではないかと思う。

東急沿線はヤンキー性が薄い。ぼくは1990年代にヤンキー雑誌の仕事をしていたことがあるが、東急沿線に暴走族は少なかった。皆無というわけではないが、下町や多摩とは比べものにならない。ついでにいうと、下町の暴走族と多摩の暴走族はずいぶん違うのだけど、それはまた別の話。

ヤンキー文化は地域密着のもので世代の継承性も強い。下町の暴走族では、小学校高学年のころからメンバーのリクルートが始まる、なんていう話も聞いた。いまでいう「ヤンチャ」な子に声をかけメンバーになるよう取り込んでおくのである。小学校・中学校の先輩・後輩意識も強い。しかし山の手では中学受験も多いし、小学校高学年から塾に行く児童が多いからか、子供同士の人間関係は学区や小学校・中学校の内部だけに限定されず、必然的に地域でのつながりも緩くなる。ぼくはサラリーマン時代、浅草に勤務したことがあるが、街の人びとが大人になってもお互いに「ちゃん」づけで呼び合う姿にちょっと感動した。子供のころの人間関係がそのまま継続されている。もっとも、それは子供のころに形成された力関係が継続されるということでもあって、人によっては息苦しく感じる。たとえば腕力が強い／弱い、勉強ができる／できない、そして親の経済的事情。幼年時代が幸福だったと手放しでいえる人ばかりではない。

世田谷区や目黒区のヤンキー性の薄さを痛感するのはお祭りのときだ。ぼくが住む奥沢では奥沢神社や自由が丘・熊野神社のお祭りが大きな行事ではあるけれども、下町のそれとは比較にならない。御神輿を担ぎませんかと誘われたこともない。九品仏のおめんかぶりもそれなりに盛大だけど、ご近所の話題になることはあまりない。

だからといって、みんなよそよそしく暮らしているかというと、そんなことはない。カフェのマスターとおしゃべりもするし、時には客同士の会話もある。庭で植物を育てているお宅が多いが、「見事な薔薇ですね」「ありがとうございます」なんていう会話はよくある。ほどよい距離感だと思う。

あとがき

街は変わり続け、住人も入れ替わります。ぼくが奥沢４丁目に移り住んだのは２００３年の夏でした。この19年間のことを振り返ってみます。

狭い私道の両側に建つ戸建て13戸と集合住宅２棟が町内会の回覧板を回す〝班〟。このうち03年当時から住んでいるのは６世帯だけです。住み手が替わったり、空き地に集合住宅ができたり。半数以上がぼくたち夫婦よりも後から来た人たちです。ぼくらが引っ越してきたとき、町内には幼い子供がいませんでした。老いていくばかりの街なのかと思いきや、今は保育園児から大学生まで若い住人もたくさんいます。

これはけっして特殊な例ではないだろうと思います。近所を散歩していると、古い家が取り壊されて更地になったり、駐車場だったところに住宅を建てていたりする場面に遭遇します。自由が丘では駅周辺の大規模な再開発計画も発表されています。10年後、20年後のこの街がどうなっているのか、まったく予想がつきません。街が丸ごと巨大なショッピングモールみたいになったらいやだなあ。

相鉄線の東横線への乗り入れ（新横浜経由）や東急蒲田と京急蒲田を結ぶ蒲蒲線計画など、東急の路線網もまだ変わり続けるようです。正直いって、「おいおい、大丈夫なの？これから人口は減り続けるし、高齢者は増え続けるんだぜ」と思わなくもない。でも商業エリアの町並みは多少変わっても、住宅街は新陳代謝を続けながら、住み心地のよい街であり続けるだろうと思います。

まえがきでも記したように、この本の発案と企画・進行は交通新聞社の平岩美香さんです。あらためてお礼を申し上げます。

永江 朗（ながえ あきら）
フリーライター。1958年生まれ。北海道出身。1980年代前半に東京都目黒区大岡山（目黒線・大井町線の大岡山駅利用）に住んで以来、大田区西馬込（池上線の長原駅と大井町線の荏原町駅、都営浅草線の馬込駅利用）、世田谷区等々力（大井町線等々力駅利用）、世田谷区奥沢（目黒線の奥沢駅と東横線・大井町線の自由が丘駅利用）と約40年東急沿線に住み続ける。奥沢の土地探しと家づくりについてはアトリエ・ワンとの共著『狭くて小さいたのしい家』（原書房）に詳しい。その他の著書に『小さな出版社のつづけ方』（猿江商會）、『四苦八苦の哲学』（晶文社）、『インタビュー術！』（講談社現代新書）など。

交通新聞社新書164
なぜ東急沿線に住みたがるのか
「ブランド路線」再考
（定価はカバーに表示してあります）

2022年8月19日　第1刷発行

著　者――永江 朗
発行人――伊藤嘉道
発行所――株式会社交通新聞社
https://www.kotsu.co.jp/
〒101-0062　東京都千代田区神田駿河台2-3-11
電話　（03）6831-6560（編集）
（03）6831-6622（販売）

カバーデザイン――アルビレオ
印刷・製本――大日本印刷株式会社

ISBN978-4-330-05522-0